쉽게 읽고 보는

위대한 명언 토감

정상영 글 | 신응섭 그림

⭐머리말⭐

우리는 학교에서 수업을 하거나 책을 읽으며 역사 속 위인들과 만나요. 위인의 이름을 아는 것에 그치지 않고 그들을 공부하죠. 어디서 나고 어떻게 자랐는지, 무슨 업적을 남겼는지, 인류에 어떤 영향을 미쳤는지 배워요. 이처럼 위대한 인물에 대해 학습하는 까닭은 무엇일까요?

이는 위인들이 목표를 이루기 위해 쏟은 노력과 열정을 알기 위해서예요. 그들의 노력과 열정을 보고 모범으로 삼으라는 뜻이죠. 우리는 위인을 알아가며 그들이 살았던 시대의 역사와 문화도 익힐 수 있어요.

《쉽게 읽고 보는 위대한 명언 도감》은 80명의 위인이 남긴 꼭 알아야 할 위대한 명언 80개를 담았어요. 역사적 인물들은 큰 업적을 성취하는 과정에서 여러 명언을 남겼죠. 짧고 간단하지만 많은 교훈과 깊은 감동을 주는 명언은 오랫동안 기억돼야 할 소중한 유산이기도 해요.

이 책에서는 명언을 쉽고 간결한 신문 기사형 문장으로 풀어내고 재미있는 그림을 덧붙였어요. 명언이 나오게 된 배경과 그 속에 담긴 깊은 의미, 명언 주인공의 생애와 업적도 알려 줘요. 그리고 여러 관련 사례를 소개함으로써 독자들이 자연스럽게 내용을 이해할 수 있도록 했어요. 이를 통해 문장을 읽고 이해하는 힘, 즉 문해력을 쑥쑥 키울 수 있을 거예요.

책을 읽으며 명언 속에 깃들어 있는 위인들의 생각을 이해하고 공감하길 기원해요. 명언 한 구절이 여러분의 머릿속에 깊이 기억되고, '마음의 등불'이 된다면 큰 기쁨이 될 거예요.

정상영, 신응섭

★차례★

1장 철학자

- **소크라테스** 너 자신을 알라 8
- **프랜시스 베이컨** 아는 것이 힘이다 10
- **아리스토텔레스** 인내는 쓰나 그 열매는 달다 12
- **플라톤** 탁월함은 재능이 아니라 연습으로 얻어지는 기술이다 14
- **원효** 모든 것은 마음이 지어낸다 16
- **르네 데카르트** 나는 생각한다. 고로 존재한다 18
- **마틴 루터 킹** 나에게는 꿈이 있습니다 20
- **블레즈 파스칼** 인간은 생각하는 갈대이다 22
- **임마누엘 칸트** 우리의 의무는 주어진 환경에서 최선을 다하는 것이다 24
- **장자크 루소** 자연으로 돌아가라 26
- **공자** 배우고 때로 익히니 이 또한 기쁘지 아니한가 28
- **프리드리히 니체** 운명아 비켜라. 용기 있게 내가 간다 30
- **율곡 이이** 앎과 행함은 하나이다 32
- **아르투르 쇼펜하우어** 작은 즐거움을 놓치지 말고, 삶의 작은 순간들을 소중히 여겨라 34
- **피타고라스** 의미 없는 말보다 침묵하는 것이 낫다 36
- **순자** 배움에는 끝이 없다 38

2장 문학가

- **앙투안 드 생텍쥐페리** 사막이 아름다운 것은 어딘가에 물을 숨기고 있기 때문이다 42
- **윌리엄 셰익스피어** 죽느냐 사느냐 그것이 문제로다 44
- **헬렌 켈러** 내가 사흘만 볼 수 있다면 46
- **존 오거스터스 셰드** 항구에 있는 배는 안전하다. 그러나 그것이 배가 만들어진 목적은 아니다 48
- **막심 고리키** 일이 즐거움이라면 인생은 낙원이다. 일이 의무라면 인생은 지옥이다 50
- **표도르 도스토옙스키** 꿈을 밀고 나가는 힘은 이성이 아니라 희망이며, 두뇌가 아니라 심장이다 52
- **에드워드 불워리턴** 펜은 칼보다 강하다 54
- **랠프 월도 에머슨** 모든 예술가도 처음에는 아마추어였다 56
- **레프 톨스토이** 가장 중요한 때는 현재이며, 가장 중요한 일은 지금 하고 있는 일이며, 가장 중요한 사람은 지금 만나고 있는 사람이다 58
- **윤동주** 죽는 날까지 하늘을 우러러 한 점 부끄러움이 없기를 60

조지 버나드 쇼 무지보다 더 위험한 것은 잘못 알고 있는 것이다 62
미겔 데 세르반테스 이룰 수 없는 꿈을 꾸고, 이길 수 없는 적과 싸우며, 이룰 수 없는 사랑을 하고, 견딜 수 없는 고통을 견디고, 잡을 수 없는 저 하늘의 별을 잡자 64
도연명 세월은 사람을 기다려 주지 않는다 66
어니스트 헤밍웨이 두려워 말고 너 자신을 믿어라 68
헨리 데이비드 소로 친구는 내가 선택한 가족이다 70
안톤 체호프 사람은 스스로 믿는 대로 된다 72

3장 예술가

레오나르도 다 빈치 나는 시간을 낭비했다 76
오귀스트 로댕 경험을 현명하게 이용한다면 어떠한 일도 시간 낭비가 아니다 78
파블로 데 사라사테 37년간 매일 14시간씩 연습했는데 사람들은 나를 천재라고 부른다 80
파블로 피카소 나는 보이는 것을 그리지 않고 생각하는 것을 그린다 82
구스타프 클림트 나는 매일 아침부터 밤까지 그림을 그리는 화가일 뿐이다 84
앤디 워홀 일상의 모든 것은 예술이 될 수 있다 86
클로드 모네 빛은 끊임없이 변한다. 그리고 대기와 사물의 아름다움을 매순간 변화시킨다 88
루트비히 판 베토벤 자신의 불행을 생각하지 않게 되는 가장 좋은 방법은 일에 몰두하는 것이다 90
볼프강 아마데우스 모차르트 언어가 끝나는 곳에서 음악은 시작된다 92
피에르 오귀스트 르누아르 그림이란 즐겁고 유쾌하고 예쁜 것이어야 한다. 그림은 사람의 영혼을 맑게 씻어 주는 환희의 선물이어야 한다 94
에드워드 호퍼 말로 표현할 수 있다면 그림을 그릴 이유가 없다 96
보노 음악은 세상을 변화시킬 수 있다 98
귀스타브 쿠르베 천사를 실제로 보여 주면 그리겠다 100
미켈란젤로 부오나로티 나는 대리석 안에 들어 있는 천사를 보았고, 그가 나올 때까지 돌을 깎았다 102
알렉산더 칼더 모빌은 삶의 기쁨과 경이로움으로 춤추는 한 편의 시다 104
파블로 카잘스 왜냐하면 내 연주 실력이 아직도 조금씩 나아지고 있기 때문이죠 106

4장 과학자

히포크라테스 인생은 짧고 예술은 길다 110
토머스 에디슨 천재는 1%의 영감과 99%의 땀이다 112
아르키메데스 유레카 114
찰스 다윈 살아남는 좋은 변화에 가장 잘 적응하는 종이다 116

갈릴레오 갈릴레이 그래도 지구는 돈다 **118**
알베르트 슈바이처 행복은 그것을 나누는 사람에게만 온다 **120**
알베르트 아인슈타인 지식보다 중요한 것은 상상력이다 **122**
스티븐 호킹 나는 자라지 않은 아이일 뿐이다.
　　　　　　나는 아직도 '어떻게', '왜'라는 질문을 계속하고 있고 가끔 답을 발견한다 **124**
윌리엄 클라크 소년이여 야망을 가져라! **126**
아이작 뉴턴 굳은 인내와 노력이 없었던 천재는 이 세상에 존재하지 않았다 **128**
카를 프리드리히 가우스 수학은 과학의 여왕이다 **130**
리처드 파인만 종교는 믿음이란 문화가 바탕이고, 과학은 의심이란 문화가 바탕이다 **132**
마리 퀴리 두려워해야 하는 것은 아무것도 없다. 단지 이해해야 하는 것이 있을 뿐이다 **134**
그레고어 멘델 언젠가 나의 시대가 올 것이다 **136**
윌리엄 제임스 행복해서 웃는 것이 아니라 웃어서 행복한 것이다 **138**
지그문트 프로이트 표현되지 않는 감정은 절대 사라지지 않는다.
　　　　　　　그런 감정은 숨어 있다가 더 나쁜 방식으로 표현된다 **140**

5장 정치가·군인

이순신 신에게는 아직 12척의 배가 있습니다 **144**
나폴레옹 보나파르트 내 사전에 불가능이란 단어는 없다 **146**
벤저민 디즈레일리 단 한 권의 책밖에 읽지 않은 사람을 경계하라 **148**
율리우스 카이사르 왔노라, 보았노라, 이겼노라! **150**
마하트마 간디 비폭력은 인류가 활용할 수 있는 가장 강력한 힘이다 **152**
에이브러햄 링컨 투표는 총알보다 강하다 **154**
벤저민 프랭클린 시간은 금이다 **156**
세종대왕 나랏말씀이 중국과 달라 한자와 서로 통하지 아니하니 **158**
조르주 클레망소 행운은 눈이 멀지 않았다. 부지런하고 성실한 사람을 찾아간다 **160**
넬슨 만델라 인생에서 가장 큰 영광은 넘어지지 않는 것이 아니라,
　　　　　넘어질 때마다 다시 일어서는 것이다 **162**
관중 날 낳아 준 사람은 부모이지만, 날 알아준 사람은 포숙아다 **164**
윈스턴 처칠 비관론자는 모든 기회에서 어려움을 찾아내고,
　　　　　낙관론자는 모든 어려움에서 기회를 찾아낸다 **166**
샤를 드골 우리는 전투에서는 졌지만, 전쟁에는 아직 지지 않았다 **168**
안중근 하루라도 글을 읽지 않으면 입안에 가시가 돋는다 **170**
마르쿠스 키케로 삶이 있는 한 희망이 있다 **172**
패트릭 헨리 자유가 아니면 죽음을 달라 **174**

소크라테스 너 자신을 알라
프랜시스 베이컨 아는 것이 힘이다
아리스토텔레스 인내는 쓰나 그 열매는 달다
플라톤 탁월함은 재능이 아니라 연습으로 얻어지는 기술이다
원효 모든 것은 마음이 지어낸다
르네 데카르트 나는 생각한다. 고로 존재한다
마틴 루터 킹 나에게는 꿈이 있습니다
블레즈 파스칼 인간은 생각하는 갈대이다
임마누엘 칸트 우리의 의무는 주어진 환경에서 최선을 다하는 것이다
장자크 루소 자연으로 돌아가라
공자 배우고 때로 익히니 이 또한 기쁘지 아니한가
프리드리히 니체 운명아 비켜라. 용기 있게 내가 간다
율곡 이이 앎과 행함은 하나이다
아르투르 쇼펜하우어 작은 즐거움을 놓치지 말고, 삶의 작은 순간들을 소중히 여겨라
피타고라스 의미 없는 말보다 침묵하는 것이 낫다
순자 배움에는 끝이 없다

★ 1장 ★
철학자

너 자신을 알라

 소크라테스(BC 469년경~BC 399년)
고대 그리스의 대표 철학자예요. '서양 철학의 아버지'로 평가받아요.

자기 자신을 안다는 것은 무슨 뜻일까요? 누구나 장점을 갖고 있지만 부족한 점도 지니고 있어요. 역사에 남는 위인에게도, 최고 스포츠 스타에게도 결점은 있기 마련이지요.

소크라테스의 '너 자신을 알라'라는 말은 쉽게 말하자면 '주제 파악을 하라'는 거예요. 스스로 어떤 장점을 갖고 있는지 혹은 어떤 결점을 갖고 있는지 생각하라는 뜻이죠. 특히 자신의 부족함이 무엇인지 깨달아야 한다는 것을 강조해요. '내가 아는 것이 부족하구나. 모르는 게 많으니 끊임없이 배우고 익혀야겠다'라는 사실을 일깨워 줘요. 소크라테스는 "나는 내가 모르고 있다는 것을 안다"라고도 말했어요. 자신의 부족함을 인정하는 겸손함이 진짜 지혜라는 의미예요.

자신을 안다는 것은 다른 사람과의 관계에서도 중요해요. 자신을 아는 사람은 친구를 이해하고 존중하는 것도 잘하죠. 이런 사람은 자신감과 자존감이 높아 남들과 좋은 관계를 맺어요.

소크라테스는 '서양 철학의 아버지'로 불리는 고대 그리스의 철학자예요. 아테네의 정치 문제를 비판하다 반대 세력에게 미움을 받아 사형 판결을 받았고, "악법도 법이다"라는 말을 남기고 독약을 마셨어요.

아는 것이 힘이다

프랜시스 베이컨(1561년~1626년)
영국의 철학자예요. 실험과 관찰을 통해 원리와 법칙을 찾는 귀납법을 주장했어요.

책을 읽거나 경험을 쌓는 건 모두 지식을 얻기 위한 활동이에요. 이는 사물을 알고 우리가 사는 세계를 이해하기 위한 일이지요.

베이컨의 '아는 것이 힘이다'라는 명언은 무언가를 아는 것이 중요하다는 뜻이에요. 예를 들어 볼까요? 자전거 타는 법을 배우면 넘어지지 않고 달릴 수 있어요. 학교 가는 길을 알아야 지각하는 일이 없죠. 게임 방법을 익히면 높은 점수를 얻어요. 무엇이든 잘 알아야 해낼 수 있다는 사실을 철학자 베이컨은 쉽고 짧은 명언으로 표현했어요.

이 명언은 쉬워 보이지만 철학적으로 매우 중요한 의미를 지니고 있어요. 베이컨이 살던 시대에는 종교만을 진리라고 여겼어요. 하지만 그는 지식과 경험이 더 중요하다고 생각했고, 관찰과 실험을 통해 지식을 얻어야 한다고 주장했어요. 처음에 그의 주장은 엄청난 비난을 받았지만, 이 주장 덕분에 관찰과 실험이 우선이라는 사상이 널리 퍼졌어요. 오늘날 우주여행을 가능하게 하고 인공 지능을 태어나게 한 과학 발전의 바탕이 된 거예요.

베이컨은 '근대 경험론의 아버지'로 통하는 철학자이자 영국 법무 장관, 대법관 등 높은 관직을 두루 거친 뛰어난 정치가였어요.

인내는 쓰나 그 열매는 달다

아리스토텔레스(BC 384년~BC 322년)
고대 그리스의 철학자예요. 서양 철학 사상 최고의 철학자로 평가받아요.

목표를 이루기 위해 노력했지만 실패한 적이 있을 거예요. 세상에는 노력 없이 저절로 이루어지는 일은 없어요. 에디슨은 전구를 발명하기 위한 수천 번의 실험에서 실패했어요. 링컨은 대통령이 될 때까지 일곱 번이나 선거에서 떨어졌어요. 롤링은 《해리 포터》 책을 펴내고 싶었으나 수십 곳의 출판사가 퇴짜를 놓았지요. 스티브 잡스는 자신이 세운 회사 애플에서 쫓겨났고요. 하지만 이들은 포기하지 않고 인내하며 엄청난 노력을 기울였어요. 에디슨은 마침내 전구를 발명해 인류가 밤을 환하게 밝힐 수 있게 했으며, 링컨은 가장 위대한 미국 대통령이 됐어요. 롤링은 《해리 포터》 시리즈로 세계적인 작가가 됐고, 잡스는 회사로 다시 돌아가 애플을 세계 최고의 회사로 만들었어요. 이처럼 남다른 업적을 이루기 위해서는 인내하며 노력하는 것이 무엇보다 중요해요. 인내는 어렵지만 그로부터 얻은 성공이라는 열매는 무척이나 달콤하지요.

아리스토텔레스는 고대 그리스의 대표적 철학자예요. 오늘날까지 전해 오는 서양 철학의 기초를 세웠다고 해요. 철학, 정치학, 문학 등 여러 학문의 교과서에 그의 이론이 등장할 정도죠. 그래서 아리스토텔레스는 '학문의 백과사전'으로 불려요.

탁월함은 재능이 아니라
연습으로 얻어지는 기술이다

 플라톤(BC 427년경~BC 347년경)
고대 그리스의 철학자예요. 소크라테스의 제자이며 아리스토텔레스의 스승이에요.

'탁월하다'라는 말의 사전상 뜻은 '남보다 두드러지게 뛰어나다'예요. 탁월하다는 건 하나의 행동이 아니라 수많은 연습의 결과예요. 목표를 세우고 집중하며, 잘못된 점을 생각해 고쳐 나갈 때 우린 더 좋은 결과를 얻을 수 있어요.

김연아가 최고의 피겨 스케이팅 선수로 인정받은 것은 무엇보다도 엄청난 연습량 덕분이에요. 김연아는 점프 동작 하나를 완벽하게 익히기 위해 1만 번을 반복했어요. 그 과정에서 1,800번이나 얼음판 위에 넘어졌다고 해요. 손흥민도 마찬가지예요. 매일 왼발로 1천 번, 오른발로 1천 번씩 슈팅 연습을 했지요.

두 선수는 '탁월함은 연습으로 얻어지는 기술'이라는 플라톤의 명언에 딱 알맞은 인물이에요. 김연아와 손흥민은 누구보다 열심히 연습하며 잘못된 점을 찾아내고, 개선하는 데에 온 힘을 기울였다는 공통점을 갖고 있어요.

플라톤은 고대 그리스의 철학자로서 30권이 넘는 책을 남겼어요. 《소크라테스의 변명》, 《향연》, 《국가론》 등이 유명해요. '아카데미'라는 학교를 세워 많은 제자를 길러 냈어요.

모든 것은 마음이 지어낸다
(一切唯心造, 일체유심조)

원효(617년~686년)
신라의 고승이자 학자예요. 한국 불교의 대표적 사상가로, 불교 대중화를 위해 노력했어요.

원효는 어려서 승려가 됐고 더 큰 배움을 위해 다른 스님과 함께 중국 유학을 가게 됐어요. 가는 도중 날이 저물어 외딴 굴에서 묵었어요. 캄캄한 한밤중, 원효는 목이 말라 물을 찾다가 바가지에 든 물을 맛있게 마시고 다시 잠들었어요. 아침에 보니 간밤에 마신 물은 해골에 고인 물이었어요. 원효는 놀라 구역질하다가, 그 순간 밤에 달게 마신 물과 아침에 본 해골 물이 같은 물이란 사실을 깨달았어요. 달라진 것은 자신의 마음뿐이고, 모든 것은 마음이 지어낸다는 것을 알게 된 거죠. 원효는 그 길로 유학을 포기해요. 모든 것이 마음먹기에 달려 있으므로 굳이 멀리 가지 않아도 어디서든 공부할 수 있다고 생각한 거예요. 깨달음을 얻은 후로 원효는 불교 경전《화엄경》에 나오는 '일체유심조'를 자주 이야기했어요. 이 구절은 해골 물 일화와 얽혀 유명해졌고, 지금까지도 많은 사람에게 전해지고 있지요.

이 명언은 세상일이 마음먹기에 달려 있음을 가르쳐 줘요. 같은 상황에서도 어떤 사람은 반이나 남았다고 하고, 다른 이는 반밖에 안 남았다고 해요. 똑같은 상태를 다르게 받아들인 거죠. 마음의 중요성을 깨달은 원효는 불교 사상을 알리기 위해 평생을 노력했다고 해요.

나는 생각한다. 고로 존재한다

 르네 데카르트(1596년~1650년)
프랑스의 철학자이자 수학자예요. 합리주의 철학의 길을 열어 '근대 철학의 아버지'로 불려요.

생각하고 있기에 내가 존재한다는 말은 무슨 의미인지 알 듯 말 듯 하지요. 데카르트는 알고 있는 모든 것을 의심하고, 도저히 의심할 수 없는 것에서부터 학문이 시작된다고 주장했어요. 심지어 우리가 알고 생활하고 있는 모든 것이 꿈일지 모른다고 말했지요.

결국 세상의 모든 것을 철저히 의심하던 그는, 의심하고 있는 '나'라는 사람은 분명 '존재한다'라고 결론 내렸어요. 생각하고 있다면 그 생각을 하고 있는 내가 있다는 거예요. 그래서 '나는 생각한다. 고로 나는 존재한다'라는 명언이 탄생했어요.

경험주의 철학자들은 보고, 듣고, 느껴서 아는 지식을 가장 중요하게 여겼어요. 그러나 데카르트는 그런 것은 진짜가 아니라고 주장했어요. 앞을 보지 못하는 두 사람이 길을 가다 코끼리와 부딪쳤는데, 한 사람은 두꺼운 다리를 만지고는 기둥 같다고 하고, 다른 이는 코를 만지고는 굵은 뱀 같다고 했다죠. 이처럼 경험에 의한 지식은 정확하지 않다는 것이 데카르트의 생각이에요.

데카르트의 고향 '라에'는 그의 업적을 높이 평가하며, 1996년 탄생 400주년을 기념하여 도시 이름을 데카르트로 바꿨어요.

나에게는 꿈이 있습니다

 마틴 루터 킹(1929년~1968년)
미국의 흑인 인권 지도자이자 목사예요. 비폭력 저항 운동을 통해 흑인의 권리 향상에 기여했어요.

    이 명언은 1963년 8월 28일, 마틴 루터 킹 목사가 미국 워싱턴 D.C. 링컨 기념관에서 25만 명을 앞에 두고 펼친 연설의 제목이에요. 그는 자신의 어린 자녀들이 피부색이 아닌 인격에 따라 평가받는 나라에서 사는 날이 올 것이라는 꿈을, 인간은 평등하게 창조되었음이 당연하게 여겨지는 날이 올 것이라는 꿈을 감동적으로 연설했어요. 인류 역사상 최고의 명연설 중 하나로 평가받지요.

    당시 미국 사회는 흑인에 대한 차별이 심했어요. 백인에게 자리를 양보하지 않았다는 이유로 흑인 여성이 체포되는 일도 있었지요. 이를 계기로 흑인은 물론 많은 백인까지 흑인 차별 반대와 흑인 해방 운동을 벌였어요. '나에게는 꿈이 있습니다'라는 명언은 이러한 운동의 하나로 열린 '워싱턴의 위대한 행진' 행사에서 나왔어요. 평등한 세상을 만들자는 간절한 호소는 큰 호응을 얻었고, 이를 계기로 흑인 차별 제도는 점차 사라졌어요.

    그는 미국은 물론 세계적으로 존경받는 인권 운동의 대표 인물이에요. 그의 인권 운동은 비폭력적이어서 더 큰 울림을 줬어요. 미국에서는 1월 세 번째 월요일을 공휴일로 지정해 그를 기리고 있어요.

인간은 생각하는 갈대이다

 블레즈 파스칼(1623년~1662년)
프랑스의 수학자이자 철학자예요. 세상을 떠난 뒤 펴낸 책이 유명한 《팡세》예요.

'생각의 힘'이 얼마나 중요한지 알려 주는 명언이에요. 이 명언은 자칫 인간이 갈대처럼 쉽게 흔들리고 변덕스럽다는 걸 표현한 것으로 생각할 수 있어요. 하지만 파스칼이 지은 《팡세》의 내용을 살펴보면 본뜻을 이해할 수 있지요.

파스칼은 인간을 갈대에 비유했어요. 물가에 자라나 작은 바람에도 흔들리는 연약한 갈대 말이에요. 파스칼은 우주가 인간을 해치려 마음먹으면 약간의 수증기로도 가능하다고 했어요. 실제 장마나 태풍으로 사람들이 목숨을 잃기도 한다는 걸 생각하면 이해가 될 거예요. 그러나 파스칼은 우주가 인간을 쉽게 죽일 수 있다고 해도, 인간은 우주보다 고귀하다고 했어요. 드넓은 우주에서 보면 인간은 작고 약하지만, 생각하는 힘을 지녔기에 그만큼 값진 존재란 거예요. 자신이 죽는다는 것도, 우주의 힘이 인간의 힘보다 더 크다는 것도 알고 있는 인간은 존엄하다고 했지요.

파스칼은 어려서부터 수학과 물리학의 천재로 유명했어요. '파스칼의 정리'와 '파스칼 삼각형' 등을 발표했으며, 압력과 진공을 연구하여 기압의 단위가 그의 이름에서 유래되기도 했지요. 세무 공무원 아버지의 세금 계산을 돕기 위해 계산기도 발명했어요.

우리의 의무는 주어진 환경에서 최선을 다하는 것이다

 임마누엘 칸트(1724년~1804년)
독일의 철학자예요. 《순수이성비판》이라는 책으로 유명해요.

누구에게나 주어진 환경이 있어요. 좋은 조건의 가정에서 태어나 부족함 없이 성장한 사람도 있고, 반대로 어려운 환경에서 시작해 성공한 사람도 있어요. 건강한 사람도, 그렇지 못한 이도 있어요. 우리는 환경의 영향을 받고 있지만 환경 탓만 할 수는 없어요. 칸트는 "우리의 의무는 주어진 환경에서 최선을 다하는 것이다"라고 말했어요. 주변을 보면 어려움 속에서도 열심히 일하며 살아가는 사람들이 있지요. 처지에 상관없이 최선을 다하는 영웅들이에요.

이를 국가에 적용할 수도 있어요. 대한민국은 국토가 좁고 자원이 빈약해 조건이 좋은 나라는 아니에요. 그러나 국민들이 자신의 자리에서 최선을 다한 결과, 경제력으로 세계 10위권에 올랐고 문화적으로도 전 세계적으로 인정받고 있어요. 주어진 여건 속에서 최선을 다한다면 좋은 결과가 나올 수밖에 없어요. 칸트의 이 명언을 가슴에 품고, '환경이 나를 굴복시킬 수 없다'라고 외쳐 보세요.

칸트는 18세기 최고 철학자로 《순수이성비판》, 《실천이성비판》 등의 책을 남겼어요. 규칙적인 생활을 하는 것으로 유명해서 이웃들이 매일 오후 3시 30분에 산책하는 그를 보고 시계를 맞췄다고 해요.

자연으로 돌아가라

 장자크 루소(1712년~1778년)
프랑스 계몽주의 철학자예요. 현대 민주주의의 이론적 토대를 마련했고 《사회계약론》 등의 책을 썼어요.

이 명언을 본 독자들은 강이나 바다, 숲이나 계곡이 있는 풍경을 떠올릴 거예요. 그곳으로 놀러 가거나 쉬러 가라는 말이라 생각할지도 모르겠네요. 그러나 루소가 한 말의 뜻은 달라요.

여기서 자연은 인간의 본성(本性)을 뜻해요. 라틴어에서 나온 단어 'nature'는 자연이란 뜻 외에 인간의 원래 마음, 본성을 의미하기도 해요. 인간이 태어나면서 갖는 마음을 자연이라 여긴 거죠. '자연으로 돌아가라'라는 루소의 명언은 인간의 원래 마음 상태로 돌아가라는 주문이에요. 루소는 인간은 순수하고 착한 본성을 갖추고 태어났지만 부자와 가난한 사람, 힘이 센 사람과 약한 사람이 생기는 사회의 불평등한 구조 때문에 순수한 마음을 잃었다고 주장했어요. 인간 본성의 선함과 자유 평등의 중요함을 외친 그의 사상은 프랑스 혁명과 근대 민주주의의 밑바탕이 됐어요.

루소는 계몽주의 철학가이자 사상가, 교육학자, 소설가, 작곡가 등으로서 여러 분야에서 업적을 남겼어요. 그의 소설 《신 엘로이즈》는 당시 가장 많이 팔린 베스트셀러였어요. 그는 어린이의 흥미와 개성, 경험을 중요하게 여기는 교육을 주장해 현대적 아동 교육의 기초를 세웠어요.

배우고 때로 익히니 이 또한 기쁘지 아니한가
(學而時習之不亦說乎, 학이시습지불역열호)

 공자(BC 551년~BC 479년)
중국 춘추 시대의 정치인, 사상가, 교육자예요. 유학의 창시자로 널리 알려져 있어요.

이 명언은 배움에 대한 문장 중에서도 가장 유명해요. 공자는 배움을 통해 성장하고 완전한 존재가 되는 것이 인간이라고 믿었어요. 남에게 인정받거나 출세하기 위해서 하는 공부가 아니라, 더 나은 사람이 되기 위한 공부야말로 진정한 공부라고 했지요.

배우는 것과 익히는 것은 차이가 없을 것 같지만 조금 달라요. 새로운 것을 알게 되는 것은 '배운다(學, 학)'라고 해요. 배운 것을 반복해 몸에 익숙하게 하는 것은 '익힌다(習, 습)'라고 하죠. school(학교)이란 영어 단어를 처음 아는 것은 배움이고, school이란 철자를 여러 번 읽고 외워 바르게 쓰게 되는 것은 익힘이에요. 공자는 배우고 익히는 것이 세상에서 가장 즐거운 일이라고 했어요. 그는 이 학습이 무엇보다 중요한 일이라고 여겨 《논어》의 첫머리에 이 문장을 써 놓았어요.

공자는 춘추 시대의 철학자이자 교육자예요. 그는 동양 사상의 중심이 되는 유학의 최초이자 최고의 사상가로 평가받아요. '공자'라는 호칭에서 '공(孔)'은 성이고, '자(子)'는 성인을 높여 부르는 표현이었어요. 이름은 구(丘)였어요. 그가 남긴 《논어》는 지금도 유학 최고의 교과서로 인정받고 있어요.

운명아 비켜라. 용기 있게 내가 간다

 프리드리히 니체(1844년~1900년)
독일의 철학자이자 작가예요. 《차라투스트라는 이렇게 말했다》, 《선악의 저편》 등 많은 책을 남겼어요.

　알 수 없는 어떤 힘에 의해 저마다 정해져 갖고 있는 처지를 운명이라고 해요. "노력해도 성적이 안 올라. 공부 못하는 걸로 타고났나 봐." 이런 말을 들은 적이 있을 거예요. 운명에 관한 흔히 하는 생각이지요.
　태어나 살아가는 데 '원래부터 정해져 있는 어떤 것', 즉 운명이 모든 것을 결정한다면 어떻게 될까요. 아무도 애써 노력하지 않겠죠. 게임 황제 페이커 이상혁이 최고의 플레이어가 될 운명을 미리 알고 있었다면 모든 순간을 쏟아 훈련하지 않았을 거예요.
　힘든 상황을 운명이라 여기고 주저앉는 것도 답이 아니에요. 노력과 지혜로 극복하는 것이 정답이죠. 지네가 우글대는 버려진 땅에서 지네를 좋아하는 닭을 키워 부자가 된 이가 있어요. 레몬이 너무 셔서 못 먹겠다는 불평을 듣고 대신 상큼한 레몬 주스를 만든 이도 있고요. 니체의 이 명언처럼 힘든 상황을 운명이라고 생각하지 마세요. 그건 넘을 수 있는 장벽이에요.
　니체는 서양 철학의 전통을 깨고 새로운 가치를 세우고자 했기에 '망치를 든 철학자'라고 불려요. 개인의 자유와 책임을 강조하는 실존주의 철학에 가장 큰 영향을 미쳤어요.

앎과 행함은 하나이다

율곡 이이(1536년~1584년)
조선의 대표적 유학자이자 정치인이에요. 과거 시험에 장원 급제를 아홉 번이나 한 천재예요.

안다는 것은 경험이나 교육 등을 통해 사물에 대한 지식을 갖추는 것을 말해요. 예쁜 장미꽃을 덥썩 잡았다가 가시에 찔린 아이는 장미에 뾰족한 가시가 있음을 경험으로 알아요. 수업 중 덧셈, 뺄셈 설명을 들은 학생은 교육을 통해 연산을 알게 되어요. 차례를 지킬 때면 줄을 서는 것이 빠르고 안전해요. 거리에 쓰레기를 버리지 말아야 하는 건 기본 상식이죠. 때문에 줄 서기와 쓰레기통에 버리기를 가르치고, 대부분 사람들은 그렇게 해야 한다는 것을 알고 있어요.

그런데 그런 규칙을 알면서도 지키지 않는다면 그건 아는 걸까요, 모르는 걸까요. 율곡은 알면서 실천하지 않는 것은 모르는 것과 같다고 했어요. 그는 지식과 행동의 일치를 강조했어요. 지식을 쌓는 것에 그쳐서는 안 되며 실천해야 진짜 앎이라는 거예요.

조선의 위대한 유학자였던 율곡은 연구에만 몰두하지 않았어요. 임진왜란이 일어나기 전 왜적을 막기 위해 10만 명의 병력을 길러야 한다는 '십만양병설'을 주장하기도 했죠. 자신은 우리나라 5천 원권 지폐 모델, 그의 어머니 신사임당은 5만 원권 모델이 되며 모자(母子)가 지폐 주인공이 되는 최초 기록을 세웠어요.

작은 즐거움을 놓치지 말고,
삶의 작은 순간들을 소중히 여겨라

 아르투르 쇼펜하우어 (1788년~1860년)
독일의 철학자예요. 인간과 세상에 대한 사랑과 비판 정신을 가졌던 '염세주의 철학자'로 유명해요.

'소확행'이란 말을 들어 본 적이 있을 거예요. 소소하지만 확실한 행복의 줄임말이죠. 실현 가능한 생활 속 작은 행복을 뜻해요. 요즘 흔하게 널리 쓰이고 있는데, 쇼펜하우어는 이미 200년 전쯤 소확행의 의미를 그대로 담은 이 명언을 만들어 냈어요.

사람들은 행복을 거창하고 대단한 것으로 상상하곤 해요. 대통령이 되거나 올림픽 금메달을 따는 것과 같은 엄청난 성취와 성공만이 행복을 가져 온다는 생각이 바로 그것이에요. 그러나 이 명언은 그렇지 않다는 걸 말하고 있어요. 아주 오랜 준비 끝에 얻는 큰 행복보다 언제든 느낄 수 있는 작은 행복이 소중하다는 것이죠. 친구와 신나게 떠드는 수다나 하굣길 시원한 아이스크림 한 입과 같은 작은 일이나 짧은 순간의 즐거움이 무엇보다 중요하며, 거기서 행복을 찾으라는 뜻이에요.

쇼펜하우어는 대표적인 염세주의 철학자예요. '염세주의'는 세상을 원래 불합리하며 고통으로 가득찬 곳이라고 여겨요. 하지만 그는 고통스러운 세계라 할지라도, 그 속에서 작은 행복을 찾으려 노력하는 게 매우 중요하다고 주장했어요. 그의 사상은 이후 철학자와 작가들에게 많은 영향을 끼쳤어요.

의미 없는 말보다 침묵하는 것이 낫다

 피타고라스(BC 582년경~BC 497년경)
고대 그리스의 철학자이자 수학자예요. '피타고라스의 정리'로 특히 유명해요.

말하는 것은 무척 중요해요. 의사소통에서 말은 없어서는 안 될 수단이죠. 대화 없는 가족이나 대화 없는 친구 사이는 생각할 수 없어요. 하지만 때로 말은 문제와 다툼을 일으키는 원인이 되기도 해요.

머릿속에 떠오르는 대로 모든 말을 불쑥 쏟아 내는 건 조심해야 해요. 쓸데없거나 의미 없는 말을 멋대로 내뱉어 타인의 기분을 상하게 할 수도 있거든요. 듣는 이가 잘 모르는 이야기를 혼자 떠들어 상대가 당황할 수도 있죠. 자신의 말이 상대에게 어떻게 받아들여질지, 제대로 전달되고 있는지 여러 번 생각하고 다듬어 입 밖으로 꺼내는 것이 좋아요.

이 명언은 침묵의 중요함을 강조해요. 많이 말하는 것보다 때로는 침묵하고 남의 말을 듣는 것이 더욱 현명하다는 거예요. 대화는 말하는 것뿐만 아니라 귀 기울여 듣는 것도 포함하기 때문이죠. 침묵은 깊은 생각을 하고 있다는 뜻이기도 해요.

피타고라스는 만물의 근원을 '수'라고 생각했어요. 수는 물질 세계의 기본이며, 음악도 수와 깊은 관련이 있다고 주장했어요. 중학교 교과서에 등장하는 유명한 '피타고라스의 정리' 덕분에 그의 이름은 많은 사람에게 친숙해요. 수학의 체계를 세운 사람으로 평가받아요.

배움에는 끝이 없다

 순자(BC 298년경~BC 238년경)
중국 전국 시대 사상가이자 학자예요. '성악설'을 주장했어요.

 살아가는 것은 배움의 연속이에요. 아기는 스스로 걷는 것에서부터 시작해 친구와 노는 법을 배우고, 학교에서는 온갖 과목을 공부해요. 성인이 되면 직업을 갖는데, 이때도 새로 익힐 것이 산더미예요. 할아버지, 할머니도 배울 것이 많아요. 스마트폰 기능도 알아야 하고 인공지능 공부도 필요해요. 배움은 늘 곁에 있고, 끝이 없어요.

 이 명언은 배움은 꾸준히 계속되어야 한다고 말해요. 순자는 자신의 생각을 담은 책 《순자》에 이런 내용을 담았어요. "사람은 늘 공부해야 하고 잠시도 쉴 수 없다. 배움은 죽은 뒤에야 끝난다. 배워야 사람이고, 배우지 않으면 짐승이다."

 순자가 배움을 말한 것은 '인간 본성은 악하다'고 하는 성악설을 믿었기 때문이에요. 사람의 본성은 악하여 날 때부터 자신의 이익만을 구하고 서로 미워한다는 거예요. 그래서 배우지 않으면 악한 습성이 나오고, 배워야 비로소 좋은 존재가 된다고 했죠.

 순자는 전국 시대 유학자로, 이름은 황(況)이에요. 공자의 사상을 받아들여 발전시켰는데, '성악설'로 유명해요. 참고로 성악설은 '인간 본성은 착하다'고 하는 맹자의 '성선설'과 반대되는 사상이에요.

앙투안 드 생텍쥐페리 사막이 아름다운 것은 어딘가에 물을 숨기고 있기 때문이다

윌리엄 셰익스피어 죽느냐 사느냐 그것이 문제로다

헬렌 켈러 내가 사흘만 볼 수 있다면

존 오거스터스 셰드 항구에 있는 배는 안전하다.
그러나 그것이 배가 만들어진 목적은 아니다

막심 고리키 일이 즐거움이라면 인생은 낙원이다. 일이 의무라면 인생은 지옥이다

표도르 도스토옙스키 꿈을 밀고 나가는 힘은 이성이 아니라 희망이며,
두뇌가 아니라 심장이다

에드워드 불워리턴 펜은 칼보다 강하다

랠프 월도 에머슨 모든 예술가도 처음에는 아마추어였다

레프 톨스토이 가장 중요한 때는 현재이며, 가장 중요한 일은 지금 하고 있는 일이며,
가장 중요한 사람은 지금 만나고 있는 사람이다

윤동주 죽는 날까지 하늘을 우러러 한 점 부끄러움이 없기를

조지 버나드 쇼 무지보다 더 위험한 것은 잘못 알고 있는 것이다

미겔 데 세르반테스 이룰 수 없는 꿈을 꾸고, 이길 수 없는 적과 싸우며, 이룰 수 없는 사랑을
하고, 견딜 수 없는 고통을 견디고, 잡을 수 없는 저 하늘의 별을 잡자

도연명 세월은 사람을 기다려 주지 않는다

어니스트 헤밍웨이 두려워 말고 너 자신을 믿어라

헨리 데이비드 소로 친구는 내가 선택한 가족이다

안톤 체호프 사람은 스스로 믿는 대로 된다

2장
문학가

사막이 아름다운 것은 어딘가에 물을 숨기고 있기 때문이다

 앙투안 드 생텍쥐페리(1900년~1944년)
프랑스 소설가예요. 《어린 왕자》, 《야간 비행》 등의 작품으로 유명해요.

'사막' 하면 무엇이 떠오르나요? 끝없이 이어지는 모래, 뜨거운 태양, 묵묵히 걷는 낙타 무리와 사람들 그리고 어렵사리 만나는 오아시스일 거예요. 사막에서 살아가기란 쉽지 않아요. 덥고 메말라 생물이 살기 어려워요. 그러나 사막이 메마르다고 해도 샘이 솟고 푸른 나무가 자라는 '오아시스'는 있기 마련이죠.

우리가 살아가는 데 있어서 커다란 행복을 찾기란 사막을 가로지르는 것만큼 어려워요. 하지만 나그네가 뜨거운 사막을 힘겹게 걷다, 오아시스에 도착해 시원한 물을 들이키는 것을 상상해 보세요. 혹독한 환경을 지닌 사막이지만 오아시스가 있어 아름다운 것처럼, 힘겨운 삶에도 행복을 느끼는 순간이 있어요.

가정이나 학교에서 어렵고 힘든 일을 마주할 때가 있어요. 하지만 그 속에도 작은 행복이 숨어 있어요. 부모님의 따뜻한 사랑이나 떡볶이를 나눠 먹고 함께 노는 친구들 간의 우정 같은 것 말이죠.

프랑스 소설가 생텍쥐페리는 《어린 왕자》, 《야간 비행》 등의 작품으로 세계적 명성을 얻었어요. 소설가이면서 비행기 조종사로 일했기에 비행 관련 작품이 많아요.

죽느냐 사느냐 그것이 문제로다

윌리엄 셰익스피어(1564년~1616년)
영국의 시인이자 배우이며 위대한 극작가예요. 영국이 가장 자랑하는 역사적 인물로 유명해요.

무엇인가를 선택해야 하는 경우가 있어요. 초코 아이스크림과 바닐라 아이스크림을 골라야 할 때도 있고, 짜장면과 짬뽕 가운데 하나를 택해야 할 때도 있어요. 동아리 활동으로 배드민턴을 할지, 축구를 배울지 결정하기도 해요. 대학 입학을 준비하는 학생이라면 어떤 전공을 택할지 심각하게 고민하지요. 이렇듯 살다 보면 선택의 순간이 자주 와요. '오늘은 무얼 먹을까' 하는 가벼운 고민도 있지만, 때로는 운명을 바꾸는 선택을 해야 할 때도 있어요.

이 명언은 셰익스피어의 희곡 《햄릿》 3막 1장에 나오는 주인공 햄릿의 대사예요. 중대한 사건에 맞서 어느 쪽을 골라야 할지 몰라 독백을 하고 있어요. 죽고 사는 일이 결정되는 선택의 갈림길에 섰을 때의 심정을 잘 나타내고 있는 대사예요. 실제로 인간의 삶은 갖가지 선택으로 이어지기에 햄릿의 혼잣말은 모두에게 공감을 주었어요. 지금도 문학 역사상 가장 유명한 대사 중 하나로 남아 있어요.

셰익스피어는 영국이 자랑하는 작가예요. 그를 인도와도 바꾸지 않겠다고 할 정도로 소중하게 여겼어요. 세계적으로도 가장 사랑받는 문학가이며 《햄릿》, 《리어왕》, 《베니스의 상인》 등 많은 명작을 남겼어요.

내가 사흘만 볼 수 있다면

헬렌 켈러(1880년~1968년)
미국의 작가이며 사회운동가, 교육자예요. 듣지도 보지도 말하지도 못하는 장애를 딛고 활동했어요.

　볼 수 없고, 듣지 못하고, 말하지도 못한다면 어떻게 살아갈까요? 희망을 갖기 어려울 거예요. 이렇게 보지 못하고 듣지 못하는 장애가 겹친 것을 '시청각장애'라고 해요.

　헬렌 켈러는 두 살에 시력과 청력을 잃은 시청각장애인이에요. 짜증만 내는 아이였으나, 일곱 살에 평생의 스승 앤 설리번을 만나며 새롭게 태어나요. 설리번은 켈러의 손바닥에 알파벳을 쓰는 방법으로 언어를 가르쳤고 대학에도 함께 입학했어요. 영특했던 헬렌은 졸업 후 작가가 됐고, 장애인 인권을 알리는 인권 운동가로 활동해요. 장애를 극복한 헬렌의 모습에 사람들은 감동하며 찬사를 보냈어요. 헬렌의 일생은 여러 번 영화로 만들어졌어요.

　이 명언은 헬렌이 자주 한 말로, 헬렌의 책 제목이기도 해요. 3일만이라도 볼 수 있으면 좋겠다는 간절한 바람을 담고 있죠. 맨 처음 자신을 있게 해 준 설리번 선생의 얼굴을 보고, 해 뜨는 모습과 저녁 별을, 아침 일찍 일하러 가는 사람들의 표정을 보고 싶다고 했어요. 보통 사람이라면 아무것도 아닐 일들이 평생의 소원이 됐던 거예요. 그래도 헬렌은 "평생 행복하지 않은 날은 하루도 없었다"라고 말했어요.

> **항구에 있는 배는 안전하다.
> 그러나 그것이 배가 만들어진 목적은 아니다**

존 오거스터스 셰드(1859년~1928년)
미국의 작가이자 교육자예요. 명언을 모은 책 《내 다락방의 소금》이 유명해요.

커다란 최신형 화물선이 한 척 있어요. 그런데 배는 언제나 항구에만 머물러요. 그러다 보니 고장날 일도 없고, 큰 파도에 휩쓸려 흔들리거나 암초에 부딪혀 침몰할 가능성도 없어요. 처음 만들어진 상태 그대로예요. 그렇다면 이 배는 원래 만들어진 목적과 쓸모에 맞는 걸까요.

배가 항구에만 머물러 있으면 엄청난 태풍이 몰아쳐도 방파제가 파도를 막아줘요. 밧줄로 단단히 묶여 있어 흔들리지 않죠. 문제가 생길 수 없어요. 이 상태라면 배는 늘 안전해요. 그러나 이 명언은 배가 존재하는 이유는 그런 것이 아니라고 이야기해요. 배는 거칠고 험한 망망대해로 나아가 언제 덮칠지 모르는 풍랑에 맞서며 항해해야 한다고 말해요. 익숙한 항구를 벗어나 거친 바다로 나아가는 것은 도전을 의미하죠. 성장을 위해서는 힘든 일에 과감하게 도전하고, 모험에 나서야 더 큰 발전과 성취감을 얻을 수 있어요.

존 오거스터스 셰드는 미국의 작가이며 교육자예요. 평소 그는 자신의 지혜와 풍부한 경험을 바탕으로 인생과 사회에 대한 생각을 글로 꾸준히 발표했어요. 1928년 펴낸 책 《내 다락방의 소금》에 이 명언이 실려 있어요.

일이 즐거움이라면 인생은 낙원이다. 일이 의무라면 인생은 지옥이다

막심 고리키(1868년~1936년)
러시아 제국과 소련의 소설가이자 희곡 작가, 시인이에요. 사실주의 대표 작가로 알려졌어요.

일은 왜 하는 걸까요? 직업을 갖는다는 건 무슨 의미일까요? 성인이 되면 일을 해야 해요. 능력에 따라 직업을 구해 일하고, 대가를 받아 살아가요. 일하는 가장 큰 이유는 경제적인 문제를 해결하기 위해서예요. 자신과 가족이 먹고 입고 배우기 위해 돈을 벌어요. 뿐만 아니라 사람은 사회 발전에 기여해야 하는 의무가 있어요. 직업을 통해 사회가 더 나아지도록 일정한 역할을 해야 한다는 거예요. 재산이 많으면 직업이 필요 없을까요? 아니죠. 일하는 것은 사회 구성원으로서 해야 할 책무이며 삶의 보람이기도 해요. 성경에 "일하지 않는 자, 먹지도 마라"라는 말이 있어요. 어느 철학자는 "인생의 가장 행복한 시간은 일에 몰두하고 있을 때이다"라고도 했지요.

이 명언은 일과 직업의 중요성에 대해 이야기해요. 일하러 가는 길이 놀이공원에 소풍 가는 것처럼 즐거워야 한다는 거예요. 마지못해 일하는 사람의 삶은 몹시 지루하며 괴롭고 힘겨울 테니까요.

막심 고리키는 러시아와 옛 소련 시대에 활동한 문학가예요. 교육을 제대로 받지 못했지만 많은 책을 읽으며 실력을 쌓았어요. 《어머니》, 《유년 시대》, 《세상 속으로》 등의 작품을 남겼어요.

꿈을 밀고 나가는 힘은 이성이 아니라 희망이며, 두뇌가 아니라 심장이다

 표도르 도스토옙스키 (1821년~1881년)
러시아 문학을 대표하는 소설가이자 사상가예요. 《죄와 벌》, 《카라마조프가의 형제》 등의 작품을 썼어요.

누구나 꿈을 갖고 있어요. "나에게는 꿈이 있어요"라고 말한 마틴 루터 킹의 역사를 바꾼 큰 꿈이 있는가 하면, 개인적인 작은 소망도 있죠. 꿈의 성취 과정에는 늘 어려움이 있어요. 또한 꿈은 이루기에 '불가능'한 경우도 많아요.

500여 년 전 레오나르도 다 빈치가 하늘을 날고 싶다며 새의 날갯짓을 연구했을 때, 인간의 비행은 불가능한 것이었어요. 달에 토끼가 산다고 믿었던 과거 관점에서 보면 달에 착륙하는 것 역시 이룰 수 없는 상상이었죠. 그러나 비행체의 발명 덕분에 인간이 하늘을 나는 것은 당연한 일이 됐어요. 인류가 달에 내린 것도 이미 오래전이지요.

이 명언은 꿈을 이루기 위해서는 머릿속으로 하는 생각이 아니라, 마음에서 솟아나는 불 같은 희망이 있어야 한다고 말해요. 재능과 지식보다는 강한 희망과 열정이 있어야 꿈을 이룰 수 있다고 말이에요.

도스토옙스키는 19세기 러시아 문학을 대표하는 소설가예요. 청년 시절 정치적 사건에 얽혀 사형 선고를 받은 뒤 극적으로 사면되어 목숨을 구했어요. 이후 변화하는 러시아인의 심리를 잘 그려 냈다는 평가 속에 세계적인 문학가로 인정받았어요.

펜은 칼보다 강하다

에드워드 불워리턴(1803년~1873년)
영국의 소설가, 극작가이자 정치인이에요. 언론인, 상원의원, 대학 총장 등을 지냈어요.

펜은 잉크를 찍어 글씨를 쓰는 필기도구예요. 쓰기 불편해 요즘에는 편리하게 개량한 만년필과 사인펜, 볼펜 등을 사용해요. 칼은 사물을 베거나 자르기 위해 만든 도구를 가리켜요.

펜과 칼을 직접 비교하기는 힘들어요. 작고 약한 펜으로 강철 칼을 상대하기란 어림도 없는 일이죠. 이 명언은 둘을 견주어 펜과 칼이 저마다 상징하는 바를 나타냈어요. 펜은 글과 글쓰기, 지식을 가리켜요. 칼은 폭력과 권력을 뜻해요. 인간의 생각이 깃든 말과 글이 총칼로 대표되는 무력보다 강력한 영향력을 갖는다는 거예요.

예를 들어, 마틴 루터 킹의 '나에게는 꿈이 있어요'라는 문장은 단순하지만 강력해요. 정의와 평등을 외친 이 한마디 덕분에 인권 운동이 본격적으로 펼쳐졌고, 흑인 인권 향상이라는 엄청난 결과를 가져왔어요. 한마디의 말이 누군가의 인생과 세상을 바꿀 수 있는 거예요.

불워리턴의 이 명언은 글의 힘이 그만큼 크다는 사실을 알려 주고 있어요. 그는 언론인이자 상원의원, 대학 총장을 지냈고 베스트셀러 작가이기도 했어요. 화산 폭발로 도시가 사라진 역사적 사실을 바탕으로 한 소설 《폼페이 최후의 날》이 유명해요.

모든 예술가도 처음에는 아마추어였다

랩프 월도 에머슨(1803년~1882년)
미국의 시인이며 수필가, 철학자예요. 《자기 신뢰》, 《자연론》 등 많은 책을 남겼어요.

아기가 걸음마를 배울 때면 뒤뚱거리며 넘어지기 일쑤예요. 넘어지고 또 넘어지며 몸으로 익힌 뒤에야 마침내 걷게 되지요. 자전거를 처음 탈 때도 같아요. 휘청대며 나아가기를 반복하다가 매끄럽게 달리게 되지요. 무슨 일을 하든 처음부터 잘할 수는 없어요. 세상없는 천재라도 단번에 능숙해지기는 힘들어요. 다만 실패를 덜 겪고 빨리 높은 수준에 오른다는 차이가 있을 뿐이에요.

이 명언은 인간이기에 무엇이든 처음부터 잘할 수는 없다는 사실을 일깨워 줘요. 이와 함께 잘하기 위해 배우고 노력해야 한다는 사실을 강조하죠. 여기서 말하는 예술가란 미술이나 음악 등의 예술을 하는 사람이 아니라, 모든 분야의 전문가를 뜻해요. 아마추어는 어떤 일을 직업이 아닌 취미로 하는 사람을 말해요. 결국 이 명언은 누구라도 열정과 노력을 기울이면 뛰어난 경지에 닿을 수 있음을 알려 줘요. 전문가가 되기 위해 도전하는 사람들에게 용기를 심어 주는 좋은 문장이에요.

에머슨은 미국의 시인이며 수필가이자 철학자예요. 개인의 인간성을 중요하게 여기며 많은 글을 썼어요. 인간이 모르는 초월적 세계가 존재한다는 사상을 주장했고 《자기 신뢰》, 《자연론》 등의 책을 남겼어요.

> 가장 중요한 때는 현재이며, 가장 중요한 일은 지금 하고 있는 일이며, 가장 중요한 사람은 지금 만나고 있는 사람이다

 레프 톨스토이 (1828년~1910년)
소설가, 사상가로 활동한 러시아를 대표하는 문학가예요. 《전쟁과 평화》 등의 작품을 남겼어요.

매일매일을 헛되지 않게, 알차게 보내기 위해 무엇을 해야 할까요? 무엇이 됐든 우리는 오늘 내 앞의 일에 충실해야 해요. 오늘이 있어야 내일이 있고 미래가 존재하지요. 오늘의 내가 미래의 나를 만드는 거예요. 고대 로마 시인 호라티우스의 시 속에 '카르페 디엠(Carpe diem)'이란 유명한 구절이 있어요. 그대로 옮기면 '오늘을 잡아라'이지만, '현재에 충실하라'는 뜻으로 이해하면 돼요.

현재 이 순간에 충실해야 하는 것과 마찬가지로 지금 하고 있는 일 역시 중요해요. 인터넷 게임을 하면서 동시에 또 다른 모바일 게임을 머릿속에 떠올리는 것은 바보 같은 짓이죠. 게임 점수가 제대로 나올 리가 없어요. 내 앞에 앉아 함께 대화를 나누는 사람은 멀리 있는 어떤 사람보다 소중해요. 상대의 눈을 바라보며 말하고, 상대를 존중하는 것은 기본적인 예의이기도 해요.

톨스토이는 러시아의 대표적인 소설가이자 시인, 사상가로 정치와 문학에 큰 영향을 끼쳤어요. 사실주의 문학의 대가이며 가장 위대한 작가 중 한 명으로 꼽혀요. 《전쟁과 평화》, 《안나 카레니나》 등의 명작을 남겼어요.

죽는 날까지 하늘을 우러러 한 점 부끄러움이 없기를

 윤동주(1917년~1945년)
일제 강점기의 시인이자 독립운동가예요. 천재적 재능으로 한국 문학사에 큰 이름을 남겼어요.

　맹자는 수오지심(羞惡之心)을 말했어요. 잘못된 행동을 했을 때 느끼는 부끄러움과 나쁜 짓을 미워하는 마음이 수오지심이에요. 이는 정의와 올바름의 시작이기도 해요. 이것이 없으면 부끄러움을 모른다고 했죠.
　이 명언은 윤동주의 〈서시〉 첫 부분이에요. 죽는 순간까지 단 하나의 잘못이나 부끄러움이 없도록 순결하게 살겠다는 내용이죠. 그는 일본을 상대로 독립운동에 적극 앞장서지 못하고, 조국을 위해 목숨을 던지지 못하는 것에 부끄러워했죠. 하늘이 내린 재능으로 아름답고 서정적인 시를 썼지만, 자신의 시가 너무 쉽게 쓰인다고 여겨 부끄러움을 느꼈어요. 그는 일제에 저항하는 시를 쓰고, 독립운동에 나선 사촌 송몽규를 도운 혐의로 체포돼요. 재판에서 그는 다른 이에게 죄를 미루지 않고 독립에 대한 열망을 말하며 독립투사다운 모습을 보였어요. 그는 끝까지 한 점 부끄러움 없이 행동했지요.
　27세의 윤동주는 1945년 2월, 일본 후쿠오카형무소에서 세상을 떠났어요. 그가 남긴 시는 3년 뒤 《하늘과 바람과 별과 시》라는 시집으로 발간됐어요. 아름다운 서정미와 독립을 향한 열망이 담긴 작품들은 최고의 시로 사랑받고 있어요.

무지보다 더 위험한 것은
잘못 알고 있는 것이다

 조지 버나드 쇼(1856년~1950년)
아일랜드의 작가예요. 《인간과 초인》으로 세계적인 극작가가 됐어요. 1925년 노벨 문학상을 받았어요.

'아는 것이 힘'이라고 하죠. 앎의 중요함을 강조하는 말이에요. 안다는 것을 표현하기란 쉽지 않아요. 그래서 오래전부터 학자들은 '조금 아는 것과 많이 잘 아는 것을 구별할 수 있을까', '얼마만큼 알아야 안다고 할 수 있을까'라는 물음에 답을 찾으려 했어요.

이 명언은 '잘못 아는 것'에 관한 이야기예요. 게임 팩을 사려고 집을 나섰는데 상점 가는 길을 잘 모른다면, 이리저리 헤매느라 시간을 낭비하고 짜증이 날 수도 있지만 그건 자신만의 문제에 그쳐요. 그런데 잘못 알고 있는 길을 친구에게 알려 준다면 그건 또 다른 문제가 돼요. 타인에게 옳지 못한 지식을 전해 잘못 판단하도록 도왔기 때문이에요. 그래서 이 명언은 모르는 것보다 잘못된 지식을 알고 있는 게 더 위험하다고 해요. 알려면 제대로 바로 알아야 한다는 거죠.

아일랜드 출신 버나드 쇼는 1925년 노벨 문학상을 받은 대표적인 극작가예요. 《인간과 초인》, 《성 조앤》 등 60여 편의 희곡을 남겼어요. 그중 희곡 《피그말리온》은 〈마이 페어 레이디〉라는 뮤지컬과 영화로 만들어져 특히 유명해요.

> 이룰 수 없는 꿈을 꾸고, 이길 수 없는 적과 싸우며, 이룰 수 없는 사랑을 하고, 견딜 수 없는 고통을 견디고, 잡을 수 없는 저 하늘의 별을 잡자

미겔 데 세르반테스 (1547년~1616년)
스페인의 소설가이며 극작가예요. 문학 사상 가장 위대한 작가 중 한 명으로 평가받아요.

　이 명언은 '무엇이든 이룰 수 있다'는 굳은 결단력과 강력한 용기, 굽히지 않는 도전 정신을 말하고 있어요. 아무리 큰 고통이라도 이겨 낼 수 있다는 강한 정신력을 강조해요.
　어떤 일이든 처음에는 이루기가 어려워 보이기 마련이에요. 그러나 시도해 보지도 않고 미리 주저앉는 것은 바르지 않아요. 커다란 용기와 굳센 마음으로 도전한다면 언젠가 반드시 이룰 수 있어요.
　인류의 역사는 불가능에 도전하고, 이를 넘어서는 과정이었어요. 별을 딴다는 것은 애초에 불가능해 보였지요. 그러나 불가능을 이루겠다는 인간의 끊임없는 연구와 도전이 있었기에 우주 과학은 비약적으로 발전했어요. 인간은 밤하늘의 별들이 멀리 있어 작아 보일 뿐, 워낙 큰 행성이어서 딸 수 없다는 것을 알게 됐죠. 대신에 태양계 너머 아득한 곳으로 우주선을 보낼 수 있게 됐어요.
　스페인 출신 세르반테스는 영국의 셰익스피어와 어깨를 견주는, 문학사에서 최고의 위치에 있는 작가예요. 대표작 《돈키호테》는 널리 알려져 있는 고전이에요. 그의 이름을 딴 '세르반테스 상'은 스페인어를 쓰는 작가에게 주는 문학상으로 스페인어권의 노벨 문학상으로 평가받아요.

세월은 사람을 기다려 주지 않는다

도연명(365년~427년)
논밭을 갈고 자연의 아름다움을 즐기면서 시를 썼어요. 중국의 위대한 시인 중 한 명이에요.

  1분의 소중함을 알고 싶으면, 기차를 놓친 사람에게 물어보면 돼요. 100분의 1초의 소중함을 알고 싶으면, 간발의 차이로 금메달을 놓친 올림픽 은메달리스트에게 물어보면 돼죠. 시간은 우리를 기다려 주지 않고 정해진 규칙에 따라 흘러가요. 시간이 흘러 과거가 되고 현재를 지나 미래가 오지요. 때문에 지금 이 순간을 소중하게 활용해야 해요.

  이 명언은 도연명의 시에 들어 있는 문장이에요. 원문은 '歲月不待人(세월부대인)'이죠. 시인은 "젊은 시절은 다시 오지 않는다. 하루에 아침은 두 번이 아니며, 때가 되면 마땅히 공부에 몰두해야 한다. 세월은 사람을 기다려 주지 않는다"라고 했어요. 무슨 일을 하든지 시간을 아껴 부지런히 살아가야 한다는 거죠. 현명한 사람은 시간을 관리하지만, 어리석은 자는 시간에 끌려다녀요. 시간은 인생에서 가장 귀한 자원임을 명심하세요.

  도연명은 1,600년 전쯤 활동했던 중국의 시인으로, 시골에서 농사를 짓고 살며 주로 자연을 주제로 삼아 작품을 썼어요. 덕분에 자연 속에서 시를 쓰는 '전원시인'이라는 별명을 얻었지요. 벼슬을 던져 버리고 고향으로 돌아가 지은 〈귀거래사〉가 특히 유명해요.

두려워 말고 너 자신을 믿어라

어니스트 헤밍웨이(1899년~1961년)
20세기 미국을 대표하는 소설가예요. 《노인과 바다》, 《무기여 잘 있거라》 등의 작품을 남겼어요.

　자신을 믿는다는 것은 정말 중요해요. 수업 중 발표를 해야 할 때나 스케이트보드를 처음 탈 때를 생각해 보세요. 자신을 믿으면 '난 할 수 있어'라는 마음이 들어요. 믿음은 용기를 주고, 실패를 무서워하지 않고 도전하도록 도와요. 자신을 믿는 것은 스스로 잘할 수 있다고 여기는 거예요. 덕분에 자신감이 생기고 힘든 일에 도전할 용기를 선물해 주지요.

　어떤 일을 할 때면 잘못될 것 같다는 생각이 들기도 해요. 하지만 인간은 무엇이든 해낼 수 있는 능력을 지니고 있어요. 잘못될지 모른다고 걱정하지 마세요. 실패하더라도 거기서 얻은 경험은 다음번 성공의 밑거름이 될 테니까요. 이 명언은 자신의 타고난 능력을 믿고, 온 힘을 기울여 노력한다면 무엇이든 이룰 수 있다고 말해요. 혹시 잘못될까 미리 두려워하는 것은 쓸데없는 생각일 뿐이에요.

　헤밍웨이는 20세기 미국을 대표하는 소설가이자 언론인이에요. 종군 기자로 스페인 내전과 제2차 세계대전 노르망디 상륙 작전을 현장에서 직접 취재했어요. 《노인과 바다》, 《무기여 잘 있거라》, 《누구를 위하여 종은 울리나》 등 미국의 고전이라 불리는 명작들을 남겼으며, 1954년 노벨 문학상을 수상했어요.

친구는 내가 선택한 가족이다

 헨리 데이비드 소로(1817년~1862년)
미국의 시인이자 수필가, 철학자예요. 자연 속에서 살며 기록한 《월든-숲속의 삶》이란 책으로 유명해요.

만나면 편하고 즐거워요. 헤어질 때면 또 만나자고 해요. 만나지 못하면 보고 싶어요. 혹시 그런 사람이 있나요? 있다면 그는 분명 좋은 친구일 거예요. 몸에 잘 맞는 옷처럼 편해서 별거 아닌 이야기를 나누며 함께 웃고 떠드는 것이 친구죠. 그런 것들이 오래 쌓여 우정이 돼요. 좋은 일과 나쁜 일 구별 없이 늘 함께하지요. 힘든 일이 있을 때 내 일처럼 생각하고 곁에서 돕는 것이 진짜 친구예요. 서로 마음이 통한다면 나이가 많거나 적어도 친구가 될 수 있어요. 무엇보다 서로에게 선한 영향을 끼치고 좋은 가르침을 줘야 '찐친'이라고 할 수 있죠.

이 명언은 친구를 '가족'이라고 했어요. 가족은 세상에서 가장 가까운 관계인데, 친구가 가족만큼 가까운 사이라는 거예요. 가족과 달리 친구는 내가 고른 상대예요. 물론 상대방도 나를 골랐으니 서로 선택한 셈이죠.

소로는 미국의 시인이며 수필가, 철학자예요. 평생 혼자 살며 많은 글을 남겼어요. 그의 작품은 인간과 자연의 관계를 주로 다뤘어요. 대표작 《월든-숲속의 삶》은 2년 2개월간 숲속 작은 오두막에서 최소한의 물건만으로 살았던 삶을 기록한 것으로 유명해요.

사람은 스스로 믿는 대로 된다

 안톤 체호프(1860년~1904년)
러시아의 단편 소설가이며 극작가예요. 최고의 근대 단편 소설 작가로 꼽혀요.

　일을 시작하기도 전부터 할 수 없다고 생각하면 보나마나 이루어지지 않아요. 그 믿음이 스스로를 할 수 없도록 방해하기 때문이죠. 반대로 '할 수 있다'는 마음가짐은 어떤 일도 가능하게 만들어요. 자신감은 자기 자신을 믿는 마음이에요. 자신의 능력이나 판단이 늘 훌륭하고 옳을 것이라는 당당한 마음가짐이죠. 자기 믿음이 없는 사람은 쉽게 흔들리고 남의 의견을 더 중요하게 생각해요.

　문제가 생겼을 때, 대개 두 가지 반응이 나와요. 포기하는 사람과 궁리하는 사람이죠. 어떤 이는 주저앉아 핑계만 대요. 그러나 다른 이는 풀 수 있다는 믿음을 갖고 고민하며 도전해요. 그리고 마침내 문제를 풀어내죠. 이 명언은 스스로의 능력을 믿고 긍정적으로 살아가야 한다는 것을 알려 줘요. '할 수 있다'고 믿는 사람은 일을 해내고 성공해요. 자신을 바보라 생각하는 사람은 바보로 살지만, 천재라고 믿으면 진짜 천재가 되죠.

　체호프는 러시아 최고의 단편 소설 작가예요. 어려운 환경에서 자랐지만 의사가 됐고 소설가로 이름을 널리 알렸어요. 그의 명성은 잘될 것이라는 믿음을 버리지 않았기에 가능했을 거예요.

레오나르도 다 빈치 나는 시간을 낭비했다

오귀스트 로댕 경험을 현명하게 이용한다면 어떠한 일도 시간 낭비가 아니다

파블로 데 사라사테 37년간 매일 14시간씩 연습했는데 사람들은 나를 천재라고 부른다

파블로 피카소 나는 보이는 것을 그리지 않고 생각하는 것을 그린다

구스타프 클림트 나는 매일 아침부터 밤까지 그림을 그리는 화가일 뿐이다

앤디 워홀 일상의 모든 것은 예술이 될 수 있다

클로드 모네 빛은 끊임없이 변한다. 그리고 대기와 사물의 아름다움을 매순간 변화시킨다

루트비히 판 베토벤 자신의 불행을 생각하지 않게 되는 가장 좋은 방법은 일에 몰두하는 것이다

볼프강 아마데우스 모차르트 언어가 끝나는 곳에서 음악은 시작된다

피에르 오귀스트 르누아르 그림이란 즐겁고 유쾌하고 예쁜 것이어야 한다. 그림은 사람의 영혼을 맑게 씻어 주는 환희의 선물이어야 한다

에드워드 호퍼 말로 표현할 수 있다면 그림을 그릴 이유가 없다

보노 음악은 세상을 변화시킬 수 있다

귀스타브 쿠르베 천사를 실제로 보여 주면 그리겠다

미켈란젤로 부오나로티 나는 대리석 안에 들어 있는 천사를 보았고, 그가 나올 때까지 돌을 깎았다

알렉산더 칼더 모빌은 삶의 기쁨과 경이로움으로 춤추는 한 편의 시다

파블로 카잘스 왜냐하면 내 연주 실력이 아직도 조금씩 나아지고 있기 때문이죠

3장
예술가

나는 시간을 낭비했다

레오나르도 다 빈치(1452년~1519년)
르네상스 시대를 대표하는 천재 미술가이자 과학자, 기술자, 사상가예요. 여러 분야에 업적을 남겼어요.

　이 명언은 1519년 5월의 어느 날, '인류 최고의 천재'라고 하는 레오나르도 다 빈치가 세상을 떠나며 남긴 말이에요.

　그는 서양 미술 최고의 걸작이라는 〈모나리자〉와 〈최후의 만찬〉 등을 그린 화가로 유명하지만 조각가, 발명가, 건축가, 천문학자, 식물학자, 지리학자, 요리사, 수학자로서 온갖 분야에 걸쳐 업적을 쌓았어요. 무려 500년 전 헬리콥터의 원리를 찾아내 정리한 과학자이자, 21세기 현대 의학자들도 놀랄 정도의 인체 해부도를 그린 해부학자이기도 했죠. 큰 꿈을 세우고, 왕성한 호기심을 바탕으로 실패를 두려워 않고 도전하며 평생을 산 인물이에요. 그런데 67년의 일생을 그토록 바쁘게 살며 누구보다 뛰어난 업적을 남긴 다 빈치가 유언으로 남긴 마지막 문장이 '시간을 허비했다'라는 거예요. 무슨 뜻일까요.

　그는 시간의 소중함을 잘 알고 있었어요. 더 많은 작품을 그릴 수 있고, 더 많이 연구하고 발명할 수 있었다고 생각한 거죠. 시간은 모든 사람에게 공평해요. 하루 24시간이 똑같이 주어지니까요. 이 명언은 우리에게 시간을 슬기롭게 활용하는 방법이 무엇일까 생각하게 해요.

경험을 현명하게 이용한다면
어떠한 일도 시간 낭비가 아니다

 오귀스트 로댕(1840년~1917년)
프랑스의 조각가예요. 근대 조각을 처음 만들기 시작했으며, 가장 위대한 조각가로 평가받아요.

겪어 봐야 안다고 하지요. '경험은 훌륭한 학교'라는 격언도 있어요. 철학자 베이컨은 '최고의 증거는 단연 경험이다'라는 말을 남겼고요. 경험은 자신이 실제로 해 보거나 겪어서 얻은 지식을 가리켜요. 삶에서 무척이나 중요한 부분이죠. 책을 읽거나 선생님의 말씀을 통해 알게 된 지식과 경험을 통해 알게 된 지식은 조금 달라요. 책을 보며 머리로만 수영을 배우는 것과 강사의 시범에 따라 물속에서 팔다리를 저으며 익히는 건 분명 차이가 있어요.

이 명언은 경험의 중요함을 이야기해요. 실패하거나 잘못한 경험을 잘 되새기면 도움이 된다는 걸 가르쳐 줘요. 눈 쌓인 등굣길에 미끄러져 절뚝거리며 지각을 한 아이가 있어요. 며칠 후 다시 만난 눈길에서 아이가 주의를 기울여 눈길을 무사히 지나갔다면, 넘어졌던 경험을 현명하게 사용한 거예요. 앞서 지각했던 경험이 소중한 교훈을 준 거예요.

로댕은 어려서부터 조각에 뜻을 두었으나, 40세가 되도록 건축 장식물을 만드는 기술자로 일했어요. 그러나 결국 재능을 인정받아 〈생각하는 사람〉, 〈지옥의 문〉 등의 걸작을 발표해요. 미켈란젤로 이후 가장 위대한 조각가로 평가받아요.

37년간 매일 14시간씩 연습했는데 사람들은 나를 천재라고 부른다

 파블로 데 사라사테(1844년~1908년)
스페인의 바이올린 연주자이며 작곡가예요. 훌륭한 음악을 작곡했고 최고의 연주자로 평가받아요.

어떤 일을 해내기 위해서는 연습과 노력이 필요해요. 컴퓨터 게임에서 높은 점수를 얻으려면 시간을 들여 연습해야 하지요. 피아노를 연주하려면 수없이 건반을 두드려야 해요. 공부할 때도 단번에 이해해 머릿속에 넣어 둘 순 없어요. 반복해야만 하는 이유예요.

사라사테는 제목은 몰라도 누구나 들으면 익숙한 명곡 〈치고이너바이젠〉을 작곡한 인물이에요. 그는 최고의 바이올린 연주자로도 유명해요. 10세에 스페인 이사벨라 여왕 앞에서 연주했고, 놀라운 실력에 감탄한 여왕이 명품 스트라디바리우스 바이올린을 선물했어요. 그는 바이올린으로 온갖 기교를 거침없이 펼치는 천재 중의 천재로 불렸어요.

그런 사라사테가 이 명언을 남겼어요. 쉽게 얻은 재능인 줄 알고 감탄하는 사람들에게 한 말이죠. 대표적 천재로 꼽히는 모차르트도 비슷한 말을 한 적이 있어요. "사람들은 내가 쉽게 작품을 쓴다고 착각한다. 그러나 내가 연구하지 않은 선배 작곡가들의 작품은 없다."

성공한 사람들이 오른 높은 경지는 어느 날 갑자기 생긴 것이 아니라, 한 걸음씩 차근차근 밟아 나간 결과예요. 포기하지 않고 오랫동안 계속해 나가면 누구나 성공할 수 있어요.

나는 보이는 것을 그리지 않고 생각하는 것을 그린다

 파블로 피카소(1881년~1973년)
스페인의 화가로 입체주의 양식을 창조했어요. 20세기 최고의 화가로 꼽혀요.

인류는 수만 년 전부터 그림을 그렸다고 해요. 멧돼지나 들소 같은 사냥감을 그리고 사람의 모습도 표현했어요. 종이가 없던 시절에는 동굴 벽 같은 곳에 벽화를 새겨 놓기도 했지요. 역사적으로 사람들은 그림을 그릴 때마다 늘 대상과 똑같이 닮게 하려고 노력했어요. 있는 모습 그대로 나타내는 것이 중요한 문제였지요.

그림과 관련된 이러한 인류의 생각을 크게 흔들어 놓은 사람이 있어요. 바로 화가 파블로 피카소예요. 그는 보이는 대로 똑같이 모방해 그리는 오랜 전통에서 벗어나고자 했어요. 눈에 보이는 대로 그리는 건 시시하다며, 이제까지 하지 않던 방식으로 남이 그리지 않는 그림을 그리겠다고 선언했어요. 그의 대표작 〈아비뇽의 아가씨들〉은 정면을 보는 얼굴에 옆모습이 담겨 있고, 여러 각도에서 바라본 얼굴 모습을 한데 모아 놓았어요. 평평한 그림이 아니라 부피가 있는 물건을 쌓아 놓은 것처럼요.

이 명언이 말하듯 피카소는 보이는 것에서 벗어나 생각한 것을 화폭에 옮겼어요. 미술 역사에서 매우 중요한 변화로 평가받는 '입체주의 미술'의 시작이에요. 그는 수없이 많은 명작을 세상에 내놓으며 20세기를 대표하는 미술가로 인정받았어요.

나는 매일 아침부터 밤까지 그림을 그리는 화가일 뿐이다

구스타프 클림트(1862년~1918년)
오스트리아의 상징주의 화가예요. 빈 분리파 운동의 대표적 인물로 평가받아요.

본분에 맞는 행동을 한다는 것은 무엇을 뜻할까요? 군인이라면 나라를 지키는 일에 힘써야 해요. 선생님은 가르치는 일에, 학생은 공부에 열심이어야 하죠. 피아노 연주자는 좋은 음악을 들려주기 위해 노력해야 할 거예요.

이 명언은 1900년 무렵 고국 오스트리아에서뿐 아니라 세계적으로 유명해진 화가 클림트가 남긴 말이에요. 그는 늘 스스로가 말하기와 글쓰기에 재능이 없다고 말했어요. 다만 그릴 줄은 알기에 날마다 아침부터 저녁까지 온 힘을 다해 그림을 그린다고 했죠. 화가이기 때문에 말이나 글보다는 그림으로 자신을 이해해 달라고 했어요.

이 명언은 임무를 맡은 사람이 어떻게 행동해야 하는지를 나타내요. 클림트는 자신은 그림을 그리는 사람이고, 그림이 전부라고 했어요. 곁눈질 않고 자신의 일에 최선을 다한다는 뜻이에요. 특별 대우나 칭찬을 바라지 않고, '그림을 그린다'는 화가의 본분에 충실하고자 했어요.

클림트는 〈키스(입맞춤)〉라는 작품으로 유명한 화가예요. 1897년 낡은 전통에서 벗어나 새롭고 자유로운 예술 표현을 하자는 '빈 분리파 운동'을 주도해 미술계에 새로운 바람을 불러일으켰어요.

일상의 모든 것은 예술이 될 수 있다

앤디 워홀(1928년~1987년)
미국의 미술가예요. 팝아트의 선구자로 유명하며 화가, 영화 제작자, 작가로 활동했어요.

흔한 통조림을 그대로 그린 그림이나 여배우의 사진을 늘어놓는 것이 미술 작품이 될 수 있을까요? 예전에는 이런 것들을 예술이라 여기지 않았어요. 그러나 1960년 무렵 몇몇 선구자들이 무엇이든 예술이 될 수 있다며 새 바람을 불러일으켜요.

워홀은 그중 대표 인물이에요. 처음엔 잡지의 삽화를 그리고 광고를 만들었어요. 이후 배트맨, 슈퍼맨 등 만화 주인공과 콜라 병, 수프 깡통 같은 익숙한 사물을 그리며 '팝아트(pop art)'라는 혁명적인 미술을 선보여요. 매릴린 먼로라는 당시 유명 여배우의 사진 20장을 늘어놓고 색깔만 다르게 칠한 작품 〈20명의 매릴린〉으로 엄청난 관심을 끌기도 했죠. 자주 보던 친숙한 이미지와 생활용품을 이용해 '누구나 이해할 수 있는 예술'을 창조한 거예요. '일상의 모든 것은 예술이 될 수 있다'는 이 명언은 그의 예술에 대한 생각을 한 문장으로 압축했어요. 무엇이든 예술이 될 수 있다는 주장은 모두에게 충격을 줬지만 곧 인정받아요.

워홀은 예술이 아름다워야만 한다는 생각을 깨뜨렸어요. 보통 사람들이 보고 즐기는 대중적인 것도 훌륭한 예술이라고 주장했죠. 그에 의해 예술은 시대의 모든 것을 표현한다는 생각이 확립됐어요.

빛은 끊임없이 변한다. 그리고 대기와 사물의 아름다움을 매순간 변화시킨다

 클로드 모네(1840년~1926년)
프랑스의 화가예요. 인상주의 미술을 창시한 인물로 인정받아요.

그림을 그리는 방식은 시대에 따라 바뀌었어요. 19세기 중반에는 사실주의 미술이 유행했죠. 사물을 있는 그대로 화폭에 옮기는 거예요. 보고 경험한 주변을 그려 냈어요. 이후 인상주의 미술이 움텄어요. 인상주의 화가들은 빛의 변화에 따라 사물의 색깔과 모습이 시시각각 다르게 보인다는 사실을 알아냈어요. 놀라운 발견이었죠.

이 명언은 인상주의 미술을 가장 잘 설명하고 있어요. 모네를 비롯한 여러 인상주의 화가들은 실내를 벗어나, 햇빛이 쏟아지는 야외에서 그림을 그리는 전통을 만들었어요. 빛에 의해 바뀌는 색과 빛의 방향에 따라 변화하는 형체까지 순간의 아름다움을 담아내려고 노력했죠. 모네가 루앙 대성당을 그린 일화가 유명해요. 그는 아침과 저녁, 맑은 날과 비오는 날 등 시간과 날씨에 따라 달라지는 변화를 찾아내, 조금씩 다른 20여 점의 〈루앙 대성당〉 시리즈를 완성했어요.

모네는 인상주의 대표 화가이자, '인상주의'라는 말의 창시자로 여겨져요. 1874년 어떤 기자가 그의 작품 〈인상-해돋이〉의 제목에서 따와 '인상주의'라는 말을 처음 썼어요. 그는 집 정원 연못의 연꽃을 날마다 그려, 아름다운 연꽃 작품을 많이 남겼기에 '연꽃 화가'로도 유명해요.

자신의 불행을 생각하지 않게 되는 가장 좋은 방법은 일에 몰두하는 것이다

 루트비히 판 베토벤(1770년~1827년)
독일의 작곡가예요. 위대한 음악가로 존경받으며 음악의 성인, 악성(樂聖)으로 평가받아요.

음악가에게 소리를 들을 수 없다는 것은 무슨 의미일까요? 듣지 못하는 음악가라니 상상할 수 없어요. 하지만 그런 장애를 이겨 내고 위대한 음악가로 남은 위인이 있어요. 바로 베토벤이에요.

서양 음악사에서 베토벤의 자리는 누구보다도 커요. 그는 음악의 성인, 악성(樂聖)으로 존경받아요. 〈합창 교향곡〉 등 9편의 교향곡을 비롯해 협주곡, 실내악곡, 오페라 등 오늘날까지 사랑받는 수많은 작품을 작곡했어요. 그의 영향력은 이후에 나타난 모든 작곡가를 지배하고 있어요.

베토벤은 25세 무렵에 귀에 이상이 생겼고, 시간이 갈수록 점차 청력이 약해져 거의 듣지 못하는 상태가 돼요. 뛰어난 피아노 연주자이기도 했던 그는 이 때문에 40세 즈음부터 연주회를 거의 열지 못했어요. 1824년 〈합창 교향곡〉을 초연할 때에도 베토벤은 감동한 관중들의 열렬한 환호와 함성을 듣지 못했다고 해요. 그는 절망에 빠졌지만 자신의 가슴속에 남은 음악적 감각을 활용해 더욱 작곡에 전념했어요.

이 명언은 베토벤이 이러한 어려움을 겪고 있을 때 했던 말이에요. 듣지 못하는 작곡가이자 연주자라는 엄청난 불행을 음악을 만드는 일에 몰두함으로써 이겨 냈던 거예요.

언어가 끝나는 곳에서 음악은 시작된다

 볼프강 아마데우스 모차르트(1756년~1791년)
오스트리아의 고전주의 작곡가예요. '음악의 신동'으로 이름 높아요.

음악은 번역이 필요 없는 언어라고 해요. 서양 클래식 음악이나 대한민국의 전통 국악, BTS(방탄소년단)의 노래까지 가사나 음악을 잘 알지 못해도 전 세계 모든 사람은 음악을 듣고 즐길 수 있어요. 세계 공용어인 셈이죠. 우리는 음악 감상을 통해 때로는 즐거움을, 때로는 편안함을 얻어요. 백 마디의 말보다 한 곡의 음악이 더 큰 위로와 감동을 전하기도 해요.

너무 기쁘거나 슬퍼서 또는 놀라서 말이나 글로 나타낼 수 없는 순간이 있어요. 모차르트는 음악은 말로 충분히 담아낼 수 없는 느낌과 생각, 경험을 전달할 수 있다고 믿었어요. 말로는 미처 나타낼 수 없는 것들을 음악은 표현할 수 있다는 뜻이죠. 그래서 이 명언을 생각해 냈던 거예요.

모차르트는 천재 음악가로 유명해요. 세 살 무렵 한 번 들은 곡을 피아노로 정확히 연주했고, 다섯 살부터 전 유럽을 돌며 순회 공연을 벌여 음악 신동으로 이름을 떨쳤어요. 35세라는 젊은 나이에 세상을 떠났지만 교향곡, 오페라, 실내악 등 음악의 모든 분야에 걸쳐 800여 곡을 남겼어요. 그의 모든 작품은 지금도 늘 연주되며 사랑받고 있어요.

그림이란 즐겁고 유쾌하고 예쁜 것이어야 한다. 그림은 사람의 영혼을 맑게 씻어 주는 환희의 선물이어야 한다

 피에르 오귀스트 르누아르(1841년~1919년)
프랑스의 인상주의 화가예요. 행복과 기쁨, 즐겁고 아름다운 모습을 그린 것으로 유명해요.

화가들은 저마다 자신이 좋아하는 것이나 그리고 싶은 것을 주로 그렸어요. 자연을 사랑한 영국 낭만주의 화가 윌리엄 터너는 풍경화를 그렸고, 네덜란드의 렘브란트는 자신의 자화상을 70점 넘게 남겼어요. 인상주의를 대표하는 모네는 자신이 좋아하는 연꽃을 많이 그렸어요. 이처럼 자신의 취향에 맞춰 작품 활동을 한 예술가 중에서도 가장 두드러지는 인물은 르누아르일 거예요.

이 명언은 그의 작품을 이해하는 데 꼭 필요해요. 한 마디로 그는 '행복과 기쁨의 화가'예요. 작품들은 온화하고 부드러우며 따뜻한 느낌을 전해 줘요. 르누아르는 즐거움이 가득찬 세상을 꿈꿨고, 그런 세상을 그림 안에 표현했지요. 흥겨운 대화, 소풍과 파티, 귀여운 어린이, 웃고 있는 순간을 아름답게 담았어요. 그림으로 세상을 더욱 밝게, 사람들을 기쁘게 하려고 했지요. 정작 자신은 가난한 집에서 힘겹게 자랐지만 세상을 즐거운 곳으로 만들고 싶었던 거예요.

르누아르는 제대로 학교를 다니지 못했어요. 13세에 취직해 도자기에 그림 그리는 일을 했지요. 그러나 화가가 되겠다는 꿈을 버리지 않았고, 뒤늦게 공부를 시작해 인상주의를 대표하는 화가로 이름을 얻었어요.

말로 표현할 수 있다면 그림을 그릴 이유가 없다

 에드워드 호퍼(1882년~1967년)
미국의 사실주의 화가예요. 도시의 일상적인 모습을 표현해 그가 살던 시대의 미국을 잘 드러냈어요.

예술을 한 마디로 정의하기는 어려워요. 예술이란 간단히 말하면 아름다움이 깃들어 있는 작품을 창조해 내는 거예요. 그림을 그리고, 시나 소설을 짓고 음악을 작곡하거나 연주하고 춤을 추는 것 등이에요. 건축이나 조각, 연극, 영화 등도 포함돼요.

예술가들은 아름다움과 진실을 드러내고, 그것으로 사람들을 감동시키기 위해 노력해요. 위대한 예술가는 자신만의 방법으로 아름다움과 진실을 빚어 완성한 사람이지요. 시인은 시를, 작곡가는 음악을, 무용가는 춤을 통해 그러한 노력을 펼쳐요.

이 명언은 호퍼가 자신만의 방법으로 예술 활동을 계속해 왔음을 알려 줘요. 그가 잘하고 좋아한 것은 그림이었어요. 아름다움을 전하고 감동을 주기 위해 그가 선택한 수단이 바로 그림이었던 거죠. 이러한 시도는 예술가에게만 적용되지는 않아요. 누구나 자신이 잘하는 분야에서 최선을 다한다면 좋은 결과를 얻을 수 있을 거예요.

호퍼는 미국에서 태어나 공부하고 활동했어요. 처음에는 삽화가로 일했으나 40세 무렵부터 수채화와 유화 등을 그렸죠. 고독과 소외감을 겪는 도시인의 모습을 주로 그린 미국의 사실주의 화가예요.

음악은 세상을 변화시킬 수 있다

보노(Bono, 1960년~)
록 밴드 U2의 리드 보컬이에요. 세계적 가수이며 사회 운동가로 자선과 환경 문제 등에 참여하고 있어요.

　보노(본명 폴 데이비드 휴슨)는 세계적 록 밴드 U2의 리드 보컬이에요. 1979년 이후 현재까지 수많은 히트곡을 발표하고 있어요. 앨범을 2억 장 넘게 판매했고, 음악적으로도 인정받아 대중음악 역사상 최고 슈퍼스타 중 하나로 꼽혀요. 그의 특별한 점은 음악뿐만 아니라 사회 운동가로 어려운 이들을 돕기 위해 나섰고, 큰 성과를 거두었단 거예요.
　보노는 굶주림과 질병, 전쟁 같은 문제를 해결하는 데 자신의 음악이 도움을 줄 수 있을까 고민했어요. 아프리카의 가난을 알리는 노래와 인종 차별에 반대하는 노래를 직접 작곡해 불렀어요. 그는 빈곤과 에이즈 퇴치 운동을 음악 활동 못지않게 열심히 했어요. 아프리카의 굶주림과 질병을 해결하기 위해 모금한 돈이 10조 원이 넘는다고 해요. 그는 영향력이 정말 커서 다른 나라를 방문하면 그 나라의 대통령이나 수상과 만날 정도예요. 노벨 평화상 후보에 오르기도 했어요.
　이 명언에는 그의 진심이 담겨 있어요. 그는 세상을 모든 사람이 함께 행복한 곳으로 바꾸고자 했어요. 자신의 노래를 통해 어려운 사람에 대한 관심이 생겨 세계인들이 나선다면, 세상은 더 좋은 곳이 될 거라 믿었고 그것을 실천했어요.

천사를 실제로 보여 주면 그리겠다

 귀스타브 쿠르베(1819년~1877년)
19세기 프랑스 사실주의 화가예요. 사실주의 미술을 대표하는 인물이에요.

　사실주의 미술은 19세기 중반에 널리 유행한 미술의 흐름이에요. 실제 모습을 자세히 관찰해 정확하게 나타낸 그림을 뜻해요. 주로 보통 사람들이 살아가는 모습이나 자연 풍경 등을 대상으로 삼았어요. 감정이나 생각, 상상력보다는 직접 보고 경험한 것을 표현해야 한다는 것이 사실주의 미술의 핵심이에요. 이런 그림이 나온 바탕에는 과학과 객관적 사실을 중요하게 여기는 당시의 사상이 깔려 있어요.

　이 명언은 천사를 그려 달라는 누군가의 요청에 쿠르베가 "난 천사를 본 적이 없다. 천사를 내 눈앞에 데려다 놓으면 그려 주겠다"라고 답한 유명한 일화에서 비롯되었어요. 이 말은 자신이 경험하지 않고 본 적이 없는 것은 결코 그리지 않겠다는 의지를 나타낸 거예요. 쿠르베는 눈에 보이는 것, 관찰 가능한 것만이 그림의 대상이 될 수 있다고 여겼어요. 또 대상을 생긴 그대로 표현하고자 노력했죠.

　쿠르베는 학창 시절 법학을 공부하려고 고향 오르낭에서 파리로 갔어요. 하지만 곧 법 공부를 포기하고 화가가 되기로 결심해요. 처음에는 실력을 인정받지 못했지만, '사실주의'라는 새로운 그림의 흐름을 내세우며 유명한 화가로 떠올랐어요.

나는 대리석 안에 들어 있는 천사를 보았고, 그가 나올 때까지 돌을 깎았다

미켈란젤로 부오나로티(1475년~1564년)
이탈리아의 조각가이며 화가예요. 다 빈치, 라파엘로와 함께 르네상스 3대 거장으로 불려요.

미켈란젤로는 피렌체시의 의뢰를 받아요. 거인 골리앗을 돌팔매질 한 번으로 쓰러뜨린 소년 다윗의 모습을 조각해 달라는 요청이었어요. 1501년부터 3년 동안 작업이 계속됐고, 1504년 6월 드디어 조각상이 모습을 드러내요. 5미터가 넘는 키에 무게가 6천 킬로미터 이상인 〈다비드 상〉이에요. 엄청난 덩치는 물론 절묘한 신체 비율과 이글거리는 눈동자, 금방이라도 움직일 듯한 팔다리, 근육의 생생함까지 보는 이들을 감동시켰어요. '역사상 어떤 조각상보다 뛰어나다'는 찬사가 쏟아졌죠.

이 명언은 작품을 조각하는 과정에 대한 이야기예요. 미켈란젤로는 자신이 돌을 깎고 쪼아 모습을 만들어 낸 것이 아니라고 했어요. 그의 재능은 특별했죠. 돌덩이 속에 숨어 있던 아름다운 형상을 알아챈 거예요. 그리고 그 아름다움이 드러나도록 불필요한 부분을 덜어 내는 작업을 했어요. 그 결과 벌거벗은 남성의 몸이 완벽하게 표현됐어요.

미켈란젤로는 이탈리아의 조각가이자 화가예요. 레오나르도 다 빈치, 라파엘로 산치오와 함께 르네상스 대표 예술가로 꼽혀요. 〈다비드 상〉, 〈피에타 상〉 등의 조각과 바티칸 시스티나 성당의 〈천지창조〉, 〈최후의 심판〉 등 천장 그림을 남겼어요.

모빌은 삶의 기쁨과 경이로움으로 춤추는 한 편의 시다

 알렉산더 칼더(1898년~1976년)
미국의 조각가예요. 모빌을 처음 선보였어요. '키네틱 아트'의 선구자예요.

움직이는 조각품이 있어요. 주변에서도 어렵지 않게 찾을 수 있죠. 아기들의 시각을 일깨우기 위해 천장이나 유모차에 매달아 놓은 '모빌(mobile)'이 바로 그것이에요.

모빌은 미국 조각가 알렉산더 칼더가 프랑스 파리에서 처음 발명해 세상에 내놓았어요. 둥글고 얇은 금속 여러 개를 색칠한 후 철사에 매달아 스스로 움직이도록 만든 작품이에요. 무게 균형이 절묘하게 잡혀 있기에 바람의 영향을 받으면 조금씩 움직여요. 기계 장치를 단 것도 있어요. 움직이는 조각품이라니, 조각의 개념을 뒤바꾼 엄청난 혁신이었어요. 모빌이라는 말은 프랑스어로 '움직임'을 뜻해요. 1932년 칼더의 조각을 보고 마르셀 뒤샹이라는 유명 미술가가 이름 지어 줬어요.

이 명언은 조금씩 위치를 바꾸는 모빌의 움직임을 춤에 비유했어요. 시시각각 변하는 각도에 따라 빛이 반사돼 달리 보이는 모빌이 기쁨과 놀라움을 담고 있는 시와 같다고 설명해요.

칼더는 대학에서 기계 공학을 공부했지만, 졸업 후 뒤늦게 미술을 시작했어요. 움직이는 미술이라는 '키네틱 아트(Kinetic Art)'의 선구자이며, 20세기 미국의 대표 조각가로 인정받고 있어요.

왜냐하면 내 연주 실력이 아직도 조금씩 나아지고 있기 때문이죠

파블로 카잘스(1876년~1973년)
스페인 출신의 첼로 연주자이자 지휘자예요. '현대 첼로 연주의 아버지', '첼로의 성자'로 불려요.

파블로 카잘스는 역사상 최고로 인정받는 첼로 연주자예요. 어린 시절부터 피아노와 바이올린, 오르간 등 여러 악기를 배웠고, 11세 무렵부터 첼로의 매력에 빠져 첼로를 연주하기 시작했죠. 얼마 지나지 않아 일인자로 인정받았고 전 세계를 무대로 활동했어요. 피아노의 알프레드 코르토, 바이올린의 자크 티보와 함께 카잘스 삼중주단을 만들어 30년 넘게 함께했어요. 덕분에 그는 '첼로의 성자', '현대 첼로 연주의 최고봉'이라는 이름을 얻었죠. 그는 지휘자로도 활발히 활동했어요. 연습곡이었던 바흐의 〈무반주 첼로 모음곡〉을 10여 년간 연구, 정리하고 연주해 세상에 널리 알린 것으로도 유명해요.

이 명언은 카잘스의 95세 생일 무렵, 기자의 한 질문에 대한 답이에요. 기자는 역사상 최고의 첼리스트로 인정받는 그가 아직도 매일 6시간씩 연습하는 이유를 물었어요. 이때 잠시의 망설임도 없이 나온 말이죠. 이 명언은 여러 의미를 지녀요. 첫째로 노력 없이 되는 것은 없다는 거예요. 노력이 있었기에 첼로 연주자 카잘스가 존재했어요. 둘째로 한계를 긋지 않았다는 의미도 있어요. 그는 많은 나이에도 날마다 더 나아지려 시도했어요. 인터뷰를 하고 약 1년 뒤 카잘스는 세상을 떠났어요.

히포크라테스 인생은 짧고 예술은 길다
토머스 에디슨 천재는 1%의 영감과 99%의 땀이다
아르키메데스 유레카
찰스 다윈 살아남는 종은 변화에 가장 잘 적응하는 종이다
갈릴레오 갈릴레이 그래도 지구는 돈다
알베르트 슈바이처 행복은 그것을 나누는 사람에게만 온다
알베르트 아인슈타인 지식보다 중요한 것은 상상력이다
스티븐 호킹 나는 자라지 않은 아이일 뿐이다.
　　　　　　　나는 아직도 '어떻게', '왜'라는 질문을 계속하고 있고 가끔 답을 발견한다
윌리엄 클라크 소년이여 야망을 가져라!
아이작 뉴턴 굳은 인내와 노력이 없었던 천재는 이 세상에 존재하지 않았다
카를 프리드리히 가우스 수학은 과학의 여왕이다
리처드 파인만 종교는 믿음이란 문화가 바탕이고, 과학은 의심이란 문화가 바탕이다
마리 퀴리 두려워해야 하는 것은 아무것도 없다. 단지 이해해야 하는 것이 있을 뿐이다
그레고어 멘델 언젠가 나의 시대가 올 것이다
윌리엄 제임스 행복해서 웃는 것이 아니라 웃어서 행복한 것이다
지그문트 프로이트 표현되지 않는 감정은 절대 사라지지 않는다.
　　　　　　　그런 감정은 숨어 있다가 더 나쁜 방식으로 표현된다

4장
과학자

인생은 짧고 예술은 길다

히포크라테스(BC 460년경~BC 377년경)
고대 그리스의 의사예요. '서양 의학의 아버지'로 인정받고 있어요.

이 명언은 고대 그리스 의학자 히포크라테스가 남긴 말이에요. 짧지만 많은 의미를 담고 있어요. 흔히 이 명언은 '인간의 삶은 짧지만, 예술의 가치는 영원하다'라는 뜻으로 쓰이고 있어요. 그런데 히포크라테스가 처음 이야기했던 원래의 뜻은 조금 달라요. 당시의 '예술(Techne, 테크네)'이라는 단어는 현재의 예술과 의술, 기술을 두루 나타내는 낱말이었어요.

원래 글은 '인생은 짧은데, 의술을 제대로 배우고 익히는 데에는 오랜 시간이 걸린다'라는 뜻이었죠. 정작 이 명언을 널리 알린 사람은 따로 있어요. 고대 로마 철학자 세네카가 그 주인공이죠. 그가 《인생의 짧음에 대하여》라는 책에서 "히포크라테스가 '인생은 짧고 예술은 길다'라며 인생의 짧음을 이야기했다"라고 적은 뒤 유명해졌어요. 의술이든 예술이든 잘 배우고 훌륭하게 해내기 위해서는 시간이 정말 많이 필요하다는 것이죠. 배워야 할 것도 할 일도 많은데 인생은 짧다는 말이에요.

히포크라테스는 고대 그리스의 의사로 서양 의학사에서 가장 중요한 인물이며, '의학의 아버지'로 인정받고 있어요. 의사들이 꼭 지켜야 한다고 정한 윤리 지침인 '히포크라테스 선서'로도 유명해요.

천재는 1%의 영감과 99%의 땀이다

토머스 에디슨(1847년~1931년)
미국의 발명가예요. 전구, 축음기 등 발명품이 1천 점이 넘어 '발명왕'으로 통해요.

천재란 아주 뛰어난 능력을 지녀서 역사에 길이 남을 만큼 위대한 업적을 남긴 사람을 말해요. 레오나르도 다 빈치, 모차르트, 아인슈타인 등이 천재 중의 천재로 꼽혀요.

천재는 하늘에서 뚝 떨어지는 별똥별처럼 우리 눈앞에 갑자기 나타나는 걸까요? 아니면 어디선가 오랫동안 실력을 갈고 닦다가 모습을 드러내는 걸까요? 뛰어난 천재였던 발명왕 토머스 에디슨은 천재에 대해 아주 명확하게 정의를 내렸어요. '1%의 영감과 99%의 땀'이라고요.

'영감'이란 창조적인 일을 만들어 내는 기발한 착상을 가리켜요. 타고난 재능이라고 생각하면 더 쉽겠네요. 땀은 노력을 상징해요. 결국 천재는 재능을 바탕으로 많은 노력을 쏟아부은 결과라는 뜻이죠. 재능 없이 천재가 만들어질 수는 없지만, 재능이 있더라도 꾸준히 땀 흘리며 시도하지 않으면 천재는 세상에 나올 수 없어요.

에디슨은 축음기와 영사기 등을 처음 만들어, 오늘날 우리가 음악과 영화를 즐기도록 했어요. 대표 발명품인 백열전구 덕분에 인류는 어두운 밤에도 편리하게 불을 밝혀요. 발명 특허가 1천 개가 넘어 '발명왕'이란 별명을 갖고 있어요.

유레카

아르키메데스(BC 287년경~BC 212년)
고대 그리스의 과학자예요. 유체 역학을 연구했고 십진법의 도입, 원주율 계산 등의 업적을 남겼어요.

유레카(Eureka)는 고대 그리스어로 '나는 찾았다!'라는 뜻이에요. 약 2,200년 전 아르키메데스가 풀리지 않던 문제를 풀어낸 순간, 기쁨에 넘쳐 외쳤다고 해요. 덕분에 오늘날 어려운 문제의 해결책을 찾아냈을 때 세계적으로 널리 쓰는 표현이 됐어요.

왕이 아르키메데스에게 새로 만든 왕관이 순금인지 알아보라는 명령을 내렸어요. 왕관을 녹이거나 자르지 말라는 조건이 있었죠. 끙끙 앓으며 고민하던 어느 날, 더운 물이 가득찬 목욕탕에 몸을 담그다가 넘쳐 나는 물을 보고 문제 해결 방법을 깨달았어요. 너무나 기쁜 나머지 '유레카!'라고 외치며 옷도 입지 않고 벌거벗은 채 왕에게 달려갔다고 하죠. 그는 넘치는 물을 보고 서로 다른 물질은 같은 무게라도 부피가 달라, 물속에 넣었을 때 넘쳐흐르는 물의 양에서 차이가 난다는 것을 발견했어요. 이를 '아르키메데스의 원리'라고 해요. 그는 결국 왕관 제조업자가 순금 대신 금과 은을 섞어 만든 것을 증명했어요.

아르키메데스에 관한 기록은 많지 않지만, 그는 고대 그리스의 대표 과학자이자 수학자로 손꼽혀요. 지레의 원리를 설명하고 포물선으로 둘러싸인 도형의 넓이와 원주율을 계산하는 등의 업적을 남겼어요.

살아남는 종은 변화에 가장 잘 적응하는 종이다

 찰스 다윈(1809년~1882년)
《종의 기원》을 지은 영국의 과학자예요. 진화론의 기초를 확립해 생명 과학 연구에 큰 영향을 끼쳤어요.

과학자들에 따르면 2024년 지구 평균 기온은 15.1℃로, 1900년에 비해 1.6℃ 올랐다고 해요. 대한민국의 남해는 이미 아열대 바다가 됐다고 하지요. 환경이 바뀌면 생물은 살아남기 위해 안간힘을 써요. 빙하가 녹아 먹잇감을 찾기 어려워진 북극곰은 늘 잡던 물개 대신 고래를 사냥하며 적응하고 있어요.

다윈은 '살아남는 생물종은 변화에 가장 잘 적응해 온 것'이라고 말했어요. 가장 강한 종도 가장 똑똑한 종도 아닌, 바뀌는 환경에 슬기롭게 적응한 생물이 생존한다는 거예요. 사막의 식물은 건조한 기후에 맞춰 수분을 저장해요. 남극 펭귄은 혹독한 추위에 맞서 몇 겹이 되는 보온털로 몸을 감싸죠. 사람도 마찬가지예요. 처음 초등학교에 입학하거나 전학했을 때, 달라진 환경에 당황했던 적이 있을 거예요. 여기서 다윈의 이 명언이 필요해요. 어떻게 해야 환경에 맞춰 자신을 지키며 남과 어울려 살아갈 수 있을지 생각하는 거죠.

다윈은 생물 진화론을 주장한 영국의 생물학자예요. 영국 해군측량선 비글호를 타고 5년간 남아메리카와 남태평양의 여러 섬을 다녔고, 1859년 연구한 진화론 자료를 총정리한 《종(種)의 기원》을 펴냈어요.

그래도 지구는 돈다

갈릴레오 갈릴레이(1564년~1642년)
이탈리아의 과학자예요. 물리학과 천문학에 큰 업적을 남겼어요.

이 명언은 세상이 알아 주지 않아도, 자신이 증명해 낸 과학적 사실이 옳다는 주장을 포기하지 않은 과학자의 혼잣말이에요. 갈릴레오는 폴란드 천문학자 코페르니쿠스가 주장한 지구가 태양의 주변을 돌고 있다는 '지동설'을 과학적으로 증명했어요. 당시 사람들은 지구가 우주의 중심에 있고, 그 주변을 태양과 행성들이 돈다는 '천동설'을 믿었어요. 고대 그리스 시대에 이미 천동설이 나왔고, 이후 지구가 우주와 창조의 중심이라는 기독교 교리와 어우러져 의심할 수 없는 진리가 된 거죠. 때문에 지동설을 주장한 갈릴레오는 종교 재판을 받았어요.

이 명언은 갈릴레이가 1633년 종교 재판에서 교황청으로부터 위협을 받고, 어쩔 수 없이 지동설이 아닌 천동설이 옳다는 서약서에 서명한 뒤 홀로 읊조린 말이라고 해요. 계속 지동설을 주장했다가는 사형을 당할 수도 있었기에 갈릴레이는 어쩔 수 없이 서명을 했지만, 끝내 자신의 생각을 버리지 않았어요.

갈릴레오는 이탈리아의 철학자이며 과학자예요. 망원경을 개량해 천체를 살피고 연구해 코페르니쿠스의 지동설이 정당함을 입증했어요. 때문에 '인류 역사에 큰 영향을 미친 과학자'로 평가받고 있어요.

행복은 그것을 나누는 사람에게만 온다

 알베르트 슈바이처(1875년~1965년)
독일의 의사이자 사상가예요. 아프리카에 병원을 세워 어려운 사람들을 도우며 인류애를 실천했어요.

행복이란 무엇일까요? 저마다 사랑하는 사람과 함께할 때, 맛있는 것을 먹을 때, 여행할 때 행복하다고 말해요. 국어사전에서는 행복을 '충분한 만족과 기쁨을 느끼어 흐뭇함 또는 그러한 상태'라고 설명하지요.

이 명언은 나눔을 강조해요. 행복은 혼자 느낄 때가 아니라 함께할 때 더욱 커져요. 다른 사람과 나눌 때 '진짜' 행복해진다는 거예요. 가족 간의 사랑과 친구와의 우정은 행복을 함께 누리는 가장 쉬운 방법이에요. 가족이나 친구뿐만 아니라 이웃이나 어려움을 겪고 있는 사람들에게 자신의 행복을 함께 나누면 행복은 더 커져요.

철학 박사이며 유명 파이프오르간 연주자였던 슈바이처는 아프리카에 의사가 없어, 주민들이 고통을 겪는다는 사실을 알고는 다시 공부해 의학 박사가 돼요. 그는 1914년 현재의 가봉공화국 랑바레네에서 의료 봉사를 시작했어요. 이후 큰 병원을 세우고, 1965년 세상을 떠날 때까지 가난한 현지 주민들을 치료하며 사랑과 행복을 나눴죠.

슈바이처는 자신의 것을 나누어 세상에 행복을 전했고 스스로는 더욱 행복해졌어요. 덕분에 '아프리카 원시림의 성자'라고 불리며 1952년 노벨 평화상을 수상했어요.

지식보다 중요한 것은 상상력이다

알베르트 아인슈타인(1879년~1955년)
독일 출신의 과학자예요. 상대성 원리를 발견해 역사상 가장 위대한 물리학자로 인정받고 있어요.

지식이란 인류가 경험하고 배웠던 것을 모두 포함해요. 쌓아 온 지식 위에 새로운 지식을 더해 인간은 계속 발전할 수 있었죠. 하지만 단순히 지식을 축적하는 것이 발전은 아니에요. 과거의 지식에 상상력이 더해져야 새로운 것을 창조할 수 있기 때문이죠. 지식에는 제한이 있지만 상상력은 무한해요. 밤하늘의 달을 보며 달에 가는 상상을 했기에, 결국 달 착륙에 성공할 수 있었던 것처럼요.

상상력은 단순히 꿈을 꾸는 데 머물지 않아요. 무엇인가를 만들어 내는 창의성과 연결돼요. 현재의 지식을 살펴 더 나은 물건과 제도를 창조하는 데 상상력은 결정적 역할을 해요. 손 안에서 모든 것을 해결하고 싶다는 스티브 잡스의 상상력은 인터넷이 연결된 컴퓨터와 휴대용 오디오, 전화를 하나로 묶어 스마트폰을 탄생시켰어요. 이처럼 상상력은 새로운 세상을 만들어 내는 데 결정적 역할을 해 왔어요.

아인슈타인은 상대성 이론을 개발한 것으로 유명해요. 상대성 이론 속 질량과 에너지 보존 공식 $E=mc^2$은 가장 유명한 방정식이에요. 그는 1921년 노벨 물리학상을 받았고, 뛰어난 연구 업적과 독창성 덕분에 '아인슈타인=천재'라는 말이 생겼어요.

나는 자라지 않은 아이일 뿐이다. 나는 아직도 '어떻게', '왜'라는 질문을 계속하고 있고 가끔 답을 발견한다

스티븐 호킹(1942년~2018년)
영국의 물리학자예요. 우주론과 양자 중력 연구에 업적을 남겼고 책으로 과학 대중화에 기여했어요.

이 명언은 위대한 업적이 가능했던 이유를 묻는 질문에 대한 호킹의 대답이에요. 주목해야 할 것은 '아이처럼 호기심을 갖고 있다'는 내용이죠. 그는 다섯 살 어린애가 하듯 '어떻게', '왜'를 끊임없이 외쳤고, 답을 찾아내곤 했다고 해요.

사람은 태어나는 순간부터 많은 것을 궁금해 해요. 아이가 부모에게 그토록 많은 질문을 하는 까닭이죠. 그런데 커 갈수록 질문은 줄어요. 수업 시간에 물어보긴 쑥스럽고, 친구들이 어떻게 생각할까 걱정은 되고…. 어른이 되면 대놓고 물어보는 건 더 어려운 일이 돼요.

호킹은 평생 아이 같은 호기심으로 연구했어요. 자신의 분야에서 늘 '왜 이 결과가 나왔을까?', '어떻게 이런 현상이 생겼을까?'를 궁금해 했죠. 덕분에 온갖 실패를 겪었지만 아주 가끔 성공하기도 했어요. 블랙홀과 양자 역학에 관한 연구 등 엄청난 업적이 그런 과정을 통해 나왔어요.

그는 역경을 이겨 낸 것으로도 유명해요. 케임브리지 대학에 다니던 21세 무렵, 온몸 근육이 마비되는 루게릭 병이 생겼고 세상을 떠날 때까지 50여 년간 휠체어에 의지해 살았어요. 마음대로 몸을 움직이지 못했지만 누구보다 큰 과학적 업적을 남겨 존경받고 있어요.

소년이여 야망을 가져라!

윌리엄 클라크 (1826년~1886년)
미국의 과학자이며 교육자예요. 일본 삿포로 농학교에서 과학을 가르쳤어요.

    윌리엄 클라크는 미국 매사추세츠 대학교의 총장을 지낸 과학자예요. 서양의 앞선 과학 기술을 받아들이려는 일본 정부의 초청을 받아, 삿포로 농학교(현 홋카이도 대학)의 책임자로 부임했어요. 농학과 식물학 등을 강의하며 선진 낙농업을 현지에 정착시켜, 지금도 그 지역과 홋카이도 대학의 큰 스승으로 존경받고 있어요.

    이 명언은 그가 임기를 마치고 고국으로 돌아가기 전 송별식에서 한 말이에요. 그는 이렇게 말했어요. "소년이여, 야망을 가져라! 돈이나 이기심을 위해서가 아니라, 사람들이 명성이라 부르는 덧없는 것을 위해서가 아니라, 단지 사람이 갖추어야 할 모든 것을 추구하는 야망을."

    야망을 가지라는 구절을 보면, 마치 고위 관리나 큰 부자가 되라는 말 같아요. 그러나 속뜻은 달라요. 약속을 잘 지키고 남과 어울리며, 어려운 이웃을 돕고 좋은 친구가 되어 주는 사람, 친절한 신사가 되라는 당부였지요. 그런 사람이 진짜 '야망을 이룬 사람'이라고 했어요.

    "Boys, be ambitious!" 영어 문장으로도 익숙한 이 명언은 교과서에도 자주 등장해요. '소년(boy)'은 젊은 남자가 아닌 모두를 가리키는데, 명언이 나온 150년 전 당시에는 남성 명사로 남녀 모두를 나타내곤 했어요.

굳은 인내와 노력이 없었던 천재는 이 세상에 존재하지 않았다

 아이작 뉴턴(1642년~1727년)
영국의 물리학자이며 수학자예요. '만유인력의 법칙'과 '뉴턴 운동 법칙 3가지'를 찾아낸 것으로 유명해요.

이 명언은 인내와 노력 없이 저절로 이루어지는 것은 없다는 말이에요. 천재는 '남보다 훨씬 뛰어난 재주를 갖고 태어난 사람'을 뜻해요. 하지만 그런 천재에게도 참고 견디며 노력하는 것이 반드시 필요하다고 아이작 뉴턴은 말했어요.

어느 날 사과나무 아래에서 졸고 있던 뉴턴은 머리 위로 사과가 떨어지는 것을 보고 문득 그 이유가 궁금했어요. 뉴턴은 오래도록 골똘히 연구한 끝에 중력이 작용하기 때문에 사과가 떨어진 것이며, 그 중력이 우주 만물에 적용된다는 사실을 알아냈어요. 바로 유명한 '만유인력의 법칙'이에요. 이 발견은 우연이었을까요? 물론 아니죠. 사과가 익어 떨어지는 것은 오래전부터 있던 현상이지만 아무도 그 원리를 생각하지 못했어요. 뉴턴은 엄청난 고민과 연구 끝에 만유인력의 법칙을 떠올렸어요. 이 명언은 참고 견디며 노력해야 업적을 이룰 수 있다는 사실을 증명해요. 뉴턴은 "오늘 이룰 수 있는 일에 전력을 다하라. 그러면 내일 한 걸음 더 전진할 수 있다"라며 인내와 노력을 강조했어요.

뉴턴은 만유인력의 법칙과 '관성의 법칙, 가속도의 법칙, 작용 반작용의 법칙'이라는 3가지 운동 법칙을 찾아낸 것으로 역사에 기록됐어요.

수학은 과학의 여왕이다

카를 프리드리히 가우스(1777년~1855년)
독일의 수학자이자 천문학자예요. 수학 역사에서 가장 위대한 학자로 통해요.

수학을 좋아하지 않는다고 말하는 사람이 많아요. 너무 어렵다고도 하지요. '수포자(수학 포기자)'라는 말이 나올 정도예요. 수학을 왜 배워야 하느냐는 의견도 있어요. 물건을 살 때 필요한 덧셈 곱셈은 계산기로 하면 되고 방정식과 함수는 생활에서 쓸 일이 없다는 거예요. 하지만 이 명언은 이러한 수학에 대한 사람들의 부정적인 생각을 뒤집어요. 왜 그럴까요?

수학은 엄격한 체계를 갖고 있어요. '1+1=2'라는 수학적 표시에서는 다른 답이 나올 수 없어요. '2×3=6'에서도 마찬가지죠. 공식에 따라 풀이하기 때문에 가장 논리적인 학문이라고 해요. 수학적 계산은 모든 과학의 바탕이 돼요. 미분과 적분, 확률, 통계, 기하 등 고등학생들이 어려워 하는 수학은 우주선의 항로를 계산하고, 원자력 발전소의 전기 생산에 꼭 필요해요. 최근 등장한 인공 지능 분야에도 수학은 핵심 위치를 차지하죠. 때문에 수학은 과학의 중심이며 여왕이라는 거예요.

독일 수학자 가우스는 역사상 최고의 수학자란 평가를 받아요. 가우스를 빼놓고는 수학 이야기를 할 수 없을 정도예요. 대수학과 정수론, 기하학, 통계학 등에 탁월한 업적을 남겼어요.

종교는 믿음이란 문화가 바탕이고, 과학은 의심이란 문화가 바탕이다

리처드 파인만(1918년~1988년)
미국의 이론 물리학자예요. 양자 전기 역학 이론을 발전시킨 업적으로 노벨 물리학상을 받았어요.

열심히 종교 활동을 하는 사람을 두고 '믿음이 깊다'라는 표현을 써요. 종교에서는 믿음을 강조하죠. 그런데 과학 분야에서는 '그것이 진실일까?' 하고 의심하는 것을 바탕에 깔고 있어요. 과학이란 '잘못 알고 있는 건 아닐까?' 되묻는 학문이지요.

천동설은 지구를 중심으로 태양과 행성들이 돌고 있다는 주장이에요. 오래전부터 진리로 여겨졌죠. 그러나 16세기 코페르니쿠스와 갈릴레오 등이 천동설에 의문을 나타내요. 이들은 지구가 태양 주변을 돌고 있다는 지동설을 실험과 관찰로 증명했어요. 이처럼 과학은 의심하고 연구하는 데서 비롯돼요. 호기심을 갖고 의심하는 과학자들이 있었기에 과학이 발전했고, 현재의 인류 문명이 있을 수 있었어요.

이 명언은 과학의 가장 중요한 요소를 설명해요. 과학은 의심하고, 의심에 대한 답을 찾아가는 과정이라는 뜻이죠.

어린 시절 파인만은 고장난 동네 라디오를 모두 고쳐 준 과학 소년이었어요. 그는 양자 전기 역학 발전에 크게 공헌했어요. 미국의 핵무기 개발 계획에 참여했으며, 봉고(쿠바 민속타악기) 연주 실력으로도 유명해요. 재미있는 책과 강연으로 과학을 널리 알리는 데 기여했어요.

두려워해야 하는 것은 아무것도 없다. 단지 이해해야 하는 것이 있을 뿐이다

 마리 퀴리(1867년~1934년)
폴란드 출신의 프랑스 과학자예요. 여성 최초의 노벨상 수상자이며, 첫 노벨상 2회 수상 기록을 세웠어요.

마리 퀴리는 폴란드 출신이에요. 당시 폴란드에는 남자 대학만 있어서 여자가 대학에 갈 수 없었어요. 공부를 매우 잘했던 퀴리는 어려운 집안 형편에도 여학생을 받아 주는 프랑스로 유학을 가, 파리 소르본 대학에 입학해요. 이후 프랑스인 물리학자 피에르 퀴리와 결혼해 프랑스인이 됐어요. 남편과 함께 방사능을 연구해 라듐과 폴로늄을 발견했고, 덕분에 부부는 1903년 노벨 물리학상을 함께 받아요. 퀴리는 남편이 세상을 떠난 뒤에도 연구에 몰두해요. 그 후 1911년에는 금속 라듐을 분리해 낸 공로로 노벨 화학상을 수상했어요. 여성 최초 노벨상 수상자이자 첫 2회 수상자가 됐지요.

이 명언은 퀴리가 일생을 통해 경험하고 깨달은 바를 말해 줘요. 퀴리는 여자이고 외국 출신이기에, 과학계에서는 거의 '왕따' 수준으로 대우받았다고 해요. 연구를 하다 몸이 방사선에 쬐어 건강을 크게 해치기도 했죠. 하지만 자신의 어려운 환경과 당시 새로운 분야였던 방사능이라는 학문에 두려움 없이 도전했어요. 어려움을 넘어서는 도전 정신을 발휘한 덕분에, 퀴리는 프랑스의 위대한 위인을 모시는 국립묘지 팡테옹에 묻혔어요. 모국 폴란드에서도 가장 존경받는 위인이에요.

언젠가 나의 시대가 올 것이다

그레고어 멘델(1822년~1884년)
오스트리아의 생물학자, 원예학자예요. '멘델의 법칙'으로 유명해요. 유전학의 아버지로 통해요.

    멘델은 과학자가 되고 싶었지만 집안 형편 때문에 대학을 중퇴하고 가톨릭 신부가 돼요. 신부가 된 뒤에는 작물을 크고 좋게 개량하는 육종에 힘썼어요. 텃밭에 완두콩을 심고 완두콩의 색깔과 모양, 크기 등을 관찰하고, 완두콩이 갖고 있는 특징이 어떻게 후대에 나타나는지 직접 교배하고 키우며 정리했어요. 7년간의 실험 끝에 〈식물 잡종에 관한 연구〉라는 논문을 발표해요. 부모가 낳은 자식들이 부모를 닮듯 완두콩의 특징은 자손에게 전달되며, 새로운 것이 후대에 만들어질 수 없다는 내용이었어요. '유전 법칙'을 역사상 최초로 발견한 것이죠. 그러나 당시 과학자들은 논문을 무시했어요. 대학도 나오지 않은 신부가 내놓은 연구였기 때문이었죠.

    이 명언은 이런 반응에 실망한 멘델이 주위 사람에게 자주 했던 말이에요. 언젠가 연구 결과를 인정받아 자신이 최고의 학자로 역사에 남을 것이란 자신감의 표현이었어요. 실제로 논문 발표 35년 후, 그가 세상을 떠난지 16년 후에 여러 학자들이 멘델의 유전 법칙이 옳았음을 증명했어요. 덕분에 멘델의 유전 법칙이 교과서에 올랐고, 그는 '유전학의 아버지'가 됐지요.

행복해서 웃는 것이 아니라 웃어서 행복한 것이다

 윌리엄 제임스(1842년~1910년)
미국의 의학자이며 심리학자, 철학자예요. 심리학, 철학 등 여러 분야에 뛰어난 연구를 남겼어요.

기분이 좋으면 저절로 얼굴이 환해져요. 입꼬리가 올라가고 콧노래가 나오며 웃음이 터져 나와요. 웃음은 건강에도 좋아요. 웃음은 마음에 걱정과 긴장을 일으키는 호르몬이 생기지 못하게 막고, 대신 행복한 기분을 불러일으키는 호르몬과 세로토닌을 마구 만들어 내요. 웃을 때 나오는 엔도르핀이 천연 진통제 역할을 해서 아픈 걸 줄여 주기도 해요. 웃음은 혈액 순환을 돕고 바이러스와 세균에 대한 저항력도 높여요. 그래서 '웃으면 복이 온다'라는 속담이 생겼나 봐요.

그런데 학자들은 웃음이 지닌 새로운 사실을 밝혀 냈어요. 진짜가 아닌 억지웃음도 인간을 행복하게 만든다는 거예요. 웃음이 나오지 않더라도 입꼬리를 올려 미소 지으며, 하하호호 소리 내 웃어 보세요. 우리 뇌는 가짜 웃음을 진짜 웃음으로 착각해 행복 호르몬을 분비한다고 해요. 웃을 일이 없더라도 일부러 웃어야 하는 이유예요.

이 명언은 의학자이자 심리학자였던 윌리엄 제임스의 오랜 연구와 경험을 통해 나왔어요. 그는 미국 하버드 대학에서 의학 박사 학위를 받고 심리학 연구소를 세워 활동했어요. 웃음이나 표정 같은 우리 몸의 표현이 마음에 영향을 끼친다는 사실을 처음 알아냈어요.

> 표현되지 않는 감정은 절대 사라지지 않는다.
> 그런 감정은 숨어 있다가 더 나쁜 방식으로 표현된다

 지그문트 프로이트(1856년~1939년)
오스트리아의 의사, 심리학자로 정신분석학의 창시자예요.

아이가 어두운 얼굴로 앉아 있어요. 친구가 무슨 일이냐고 묻자 "나, 지금 슬퍼"라고 해요. 이유를 묻는 친구에게 아이는 "우리집 강아지가 많이 아프거든. 나하고 같이 있어 줘!"라고 말해요. 아이는 슬픔을 드러내며 친구에게 자신과 함께 있어 달라고 요청해요. 덕분에 아이는 위로를 받았고 마음을 가라앉힐 수 있었어요. 사람은 자신의 감정을 나타내며 살아야 해요. 가슴속 깊이 꽁꽁 묻어 놓는 것이 아니라, 어떤 방식으로든 감정을 표현하고 풀어내야 해요. 아이가 슬픔을 가슴에 담아 두고만 있었다면 더 우울해졌을 거예요. 전문가들은 감정을 표현하는 것만으로도 마음속의 불안과 분노, 슬픔 등을 덜 수 있다고 해요.

이 명언은 자신의 감정을 드러내는 것이 중요하다고 알려 줘요. 화나는 것을 참기만 하면 그것이 쌓여 언젠가 작은 일에 폭발하고 말아요. 우울한 감정을 무시하다가 갑자기 아무것도 하기 싫고, 아무것도 할 수 없는 무기력한 상태에 빠지기도 하죠. 마음 건강을 위해서 우리는 건강하게 자신의 감정을 표현할 줄 알아야 해요.

프로이트는 오스트리아의 의학자이자 심리학자로, 정신분석학의 창시자예요. '무의식'에 대한 이론을 처음 정립한 것으로 유명해요.

이순신 신에게는 아직 12척의 배가 있습니다
나폴레옹 보나파르트 내 사전에 불가능이란 단어는 없다
벤저민 디즈레일리 단 한 권의 책밖에 읽지 않은 사람을 경계하라
율리우스 카이사르 왔노라, 보았노라, 이겼노라!
마하트마 간디 비폭력은 인류가 활용할 수 있는 가장 강력한 힘이다
에이브러햄 링컨 투표는 총알보다 강하다
벤저민 프랭클린 시간은 금이다
세종대왕 나랏말씀이 중국과 달라 한자와 서로 통하지 아니하니
조르주 클레망소 행운은 눈이 멀지 않았다. 부지런하고 성실한 사람을 찾아간다
넬슨 만델라 인생에서 가장 큰 영광은 넘어지지 않는 것이 아니라,
　　　　　　넘어질 때마다 다시 일어서는 것이다
관중 날 낳아 준 사람은 부모이지만, 날 알아준 사람은 포숙아다
윈스턴 처칠 비관론자는 모든 기회에서 어려움을 찾아내고,
　　　　　　낙관론자는 모든 어려움에서 기회를 찾아낸다
샤를 드골 우리는 전투에서는 졌지만, 전쟁에는 아직 지지 않았다
안중근 하루라도 글을 읽지 않으면 입안에 가시가 돋는다
마르쿠스 키케로 삶이 있는 한 희망이 있다
패트릭 헨리 자유가 아니면 죽음을 달라

5장
정치가 군인

신에게는 아직 12척의 배가 있습니다

이순신(1545년~1598년)
우리나라 역사상 최고의 장수예요. 임진왜란 때 왜군의 침략에 맞서 나라를 지켜 냈어요.

이보다 더 단호하고 결의에 찬 명언은 없을 거예요. 12척의 배만으로 나라를 지키겠다는 굳센 각오를 드러냈기 때문이죠. 1592년 왜군의 침략으로 시작된 임진왜란. 조선 육군은 전투에서 계속 졌어요. 그러나 충무공 이순신이 이끈 수군은 옥포해전과 한산도대첩 등에서 왜군을 물리치며 겨우 나라를 지켜 내고 있었어요. 그러던 중 간신들의 모함으로 이순신은 삼도수군통제사에서 쫓겨나요.

이 명언은 충무공이 쫓겨난 뒤 벌어진 칠천량해전에서 조선 수군이 크게 패한 뒤 나왔어요. 선조는 그를 다시 통제사에 임명하며 수군을 없애고 육군으로 싸우라고 명해요. 그러나 그는 단호하게 말했어요. 12척의 배와 병사 1천 명뿐이지만, 반드시 나라를 지키겠노라고. 충무공은 두 달 후 명량해전에서 12척의 배로 왜군 130척을 무찔렀어요. 이어 노량해전에서도 크게 승리하며 왜군을 이 땅에서 완전히 몰아냈어요.

우리나라 역사상 최고의 장수로 꼽히는 충무공은 왜란 때 벌인 23번의 해전에서 모두 승리했어요. 맞서 싸웠던 일본 장수들이 두려워하며 존경했을 정도지요. 그가 쓴 《난중일기》는 7년간의 전쟁을 생생하게 담아 국보로 지정됐어요.

내 사전에 불가능이란 단어는 없다

나폴레옹 보나파르트(1769년~1821년)
프랑스의 군인이자 정치가예요. 하급 장교로 시작해 황제가 됐어요. 역사상 가장 위대한 지도자로 꼽혀요.

이 명언에 담긴 뜻은 해내려는 의지만 있다면 무엇이든 이룰 수 있다는 거예요. 흔히 말한 대로 된다고 하지요. 나폴레옹은 늘 모든 것이 가능하다고 생각했고, 그것을 행동으로 옮겼어요. 모두가 할 수 없다고 반대했지만, 눈 덮인 알프스를 넘어 이탈리아를 공격했던 일은 '불가능은 없다'라는 말의 대표적 증거예요.

오래전부터 인간은 하늘을 날고 싶었지만 날개가 없기에 날 수 없었지요. 그러나 포기하지 않고 비행기를 발명해, 불가능했던 비행을 가능하게 했어요. 오랫동안 남자 육상 100미터 세계 기록은 10초의 벽을 넘지 못했죠. 10초에 100미터를 뛰는 건 불가능하다고 여겼어요. 그러나 1968년 짐 하인즈가 9초 95로 10초 벽을 깼고, 우사인 볼트가 9초 58로 최고 기록을 세웠어요. 나폴레옹의 이 명언은 해보지도 않은 채 '불가능하다'고 하는 건 잘못된 생각이라는 거예요. '할 수 있다!'라는 문장을 마음에 품고 있다면 못할 일이 없어요.

나폴레옹은 프랑스의 군인이자 정치가예요. 사관 학교 졸업 후 뛰어난 지략과 용기로 승진을 거듭해 24세에 장군이 됐어요. 프랑스 혁명 전쟁을 승리로 이끌며 영웅이 됐고, 스스로 프랑스 황제에 올랐어요.

단 한 권의 책밖에 읽지 않은 사람을 경계하라

 벤저민 디즈레일리(1804년~1881년)
영국의 정치가이자 작가예요. 영국 수상을 지냈고 여러 권의 소설도 펴냈어요.

　책과 독서에 관한 명언은 정말 많아요. '하루라도 책을 읽지 않으면 입안에 가시가 돋는다'(안중근), '독서는 과거의 가장 훌륭한 사람과 대화하는 것이다'(데카르트) 등 셀 수 없을 정도예요. 이처럼 독서 명언이 많은 것은 그만큼 책 읽기가 중요하기 때문이겠죠.

　벤저민 디즈레일리는 빅토리아 여왕 시대 영국의 수상으로서 대영제국의 전성기를 이끌었던 정치인이에요. 소설가로도 이름이 높아요. 그는 '단 한 권의 책밖에 읽지 않은 사람을 경계하라'라는 멋진 문장을 남겼어요. 곰곰이 살펴보면 보통의 독서 명언과는 조금 달라요. 단순하게 책 읽기가 좋은 것이고 많이 읽으라는 내용이 아니에요. 다양한 분야와 여러 주제의 책을 읽어 세상을 폭넓게 보라는 뜻이죠.

　여기서 말하는 '한 권의 책'은 한쪽으로 치우친 좁은 생각을 가리켜요. 어떤 책에서 지식이나 지혜를 얻을 수 있지만, 그 내용이 늘 완벽하게 옳을 수는 없어요. 지식과 지혜는 다양하기에 우물 안 개구리처럼 자신이 알고 있는 것만이 진리라고 주장해서는 안 된다는 거죠. 이 명언은 우리에게 세상의 모든 지식과 지혜를 스펀지처럼 빨아들이는 열린 마음을 지니라고 말해요.

왔노라, 보았노라, 이겼노라!

 율리우스 카이사르(BC 100년~BC 44년)
로마 공화정 시대 정치가이자 장군이에요. 수많은 전쟁에서 승리해 로마를 세계적 대국으로 만들었어요.

이 명언은 역사상 가장 간단하고 자신에 찬 보고서예요. 카이사르는 기원전 47년 5월 21일, 폰토스 왕국의 국왕 파르나케스 2세를 젤라 전투에서 크게 무찔렀어요. 엄청난 승전 뒤 전투 지휘관으로서 당시 최고의 권력을 갖고 있던 원로원에게 편지를 보냈는데, 단 세 마디만이 쓰여 있었죠. '젤라라는 곳에 왔고, 적을 보고, 적을 무찔렀다'라는 내용이에요. 당시 쓰였던 라틴어로는 'Veni, Vidi, Vici'인데 일부러 운율까지 맞춰 썼어요.

짧은 세 마디의 보고서는 하늘을 찌를 듯한 자신감을 담고 있어요. 자신감의 배경은 당시 벌이고 있던 내전에서 강력한 상대였던 폼페이우스가 세상을 떠나며, 카이사르의 세력이 커지고 있었기 때문이었어요. 거기에 카이사르는 로마에 위협적이던 폰토스 왕국마저 무찔렀어요. 폰토스 왕국은 젤라 전투 패배 후 멸망하고 말아요.

카이사르는 성공적인 갈리아 정복으로 로마의 영토를 북해까지 넓힌 데 이어, 폼페이우스와의 내전과 젤라 전투에서의 승리로 최고 권력자에 올라요. 그러나 시기하는 사람들의 음모로 젤라 전투 3년 뒤 암살당해 세상을 떠났어요.

비폭력은 인류가 활용할 수 있는 가장 강력한 힘이다

마하트마 간디(1869년~1948년)
인도의 법률가, 정치인, 사상가예요. 비폭력 무저항 운동으로 인도를 독립시켰어요.

힘으로 문제를 해결할 수 있을까요? 총칼로 문제를 풀어낼 수 있다면 세상은 온통 싸움으로 가득할 거예요. 간디는 폭력은 해결책이 아니며, 비폭력이 답이라고 생각했어요. 비폭력은 상대에게 무릎 꿇는 게 아니라, 설득하고 공감을 얻어 원하는 바를 이루는 걸 말해요.

간디는 남아프리카공화국에서 변호사로 활동하던 시절, 인종 차별을 받는 현지 인도인들을 보고 차별 철폐 운동을 처음 시작해요. 귀국 후 영국의 지배를 받던 인도의 독립운동에 나섰죠. 당시 영국은 인도인의 소금 제조를 금지하고, 비싼 영국산 소금을 사도록 하는 소금법을 만들었어요. 부당하고 나쁜 법에 저항해, 그는 많은 인도인과 함께 단디라는 작은 마을 바닷가까지 25일간 390킬로미터를 걸었어요. 이게 바로 1930년에 있었던 유명한 '소금 행진'이에요. 영국은 이들을 무자비하게 탄압했지만, 행진으로 인도인은 하나가 됐고 독립운동은 더욱 힘을 얻어요. 이 운동은 나라 안은 물론 국제적으로 감동과 지지를 받았고, 인도는 1947년 8월 15일 감격적인 독립을 맞아요. 덕분에 간디는 '위대한 영혼'이라는 뜻의 '마하트마'라는 이름도 갖게 됐어요. 현재도 비폭력 무저항 운동은 지난 1천 년간의 최고 혁명으로 인정받고 있어요.

투표는 총알보다 강하다

에이브러햄 링컨(1809년~1865년)
미국의 16대 대통령이에요. 노예 제도를 없앤 대통령으로 유명해요.

투표는 민주주의의 기본이에요. 국가나 지역을 대표하는 대통령, 국회의원 등을 뽑거나 여러 단체의 대표를 결정하는 데 꼭 필요해요. 학급 회장 투표는 가까이서 볼 수 있는 사례지요. 투표는 '다수결의 원칙'에 따라요. 소수의 판단보다는 다수의 판단이 더 합리적이라는 믿음에서 나온 원칙이에요.

이 명언은 투표의 강력한 힘을 표현하고 있어요. 투표로 세상을 바꿀 수 있기 때문이죠. 우리는 자신의 생각과 뜻에 맞는 후보자를 선택해 나라와 지역, 조직을 바꾸고 나아지도록 할 수 있어요. 투표를 한다는 것은 국가와 지역, 조직의 일에 적극적으로 참여하고 책임을 지는 일이기도 해요. 내가 뽑은 사람이 일할 수 있도록 지원하는 것은 물론, 일을 잘하는지 감시하는 것도 포함해요. 내가 뽑지 않은 사람이 당선되어도 인정해야 하는 것 또한 민주주의의 원칙이에요.

링컨은 흑인 노예 제도를 없애고, 미국의 국가 통합을 이뤄 냈어요. 덕분에 지금도 가장 존경받는 미국 대통령으로 꼽혀요. 링컨은 이름난 프로레슬링 선수이기도 했어요. 12년 동안 300경기 이상을 치르면서 한 번밖에 지지 않았다고 해요.

시간은 금이다

 벤저민 프랭클린(1706년~1790년)
미국 건국의 아버지로 존경받는 정치인이에요. 피뢰침을 발명한 과학자이기도 해요.

   벤저민 프랭클린은 미국을 세우는 데 크게 기여해 '미국 건국의 아버지'로 존경받아요. 그는 다양한 분야에서 활동한 것으로 유명해요. 인쇄공으로 시작해 외교관, 과학자, 발명가, 언론인, 정치가, 사업가, 독립운동가 등 온갖 직업을 가졌고, 그 분야에서 최고로 인정받았죠.
   프랭클린은 가난한 집에서 태어났지만 노력으로 엄청난 재산을 모으고 외교관으로 활약했으며, 영국의 지배를 받던 미국의 독립을 위해 헌신했어요. 또한 발명에도 큰 발자취를 남겨요. 피뢰침과 소방차, 다초점 렌즈 등을 세계 최초로 만들었어요. 공로를 인정받아 미국 100달러 지폐에 얼굴이 실렸어요.
   이 명언에는 다양한 직업을 갖고 숨가쁘게 살았던 프랭클린의 경험과 생각이 잘 담겨 있어요. 여러 임무를 맡아 바쁘게 일하던 그에게 시간은 정말 금과 같았을 거예요. 하루 24시간, 1년 365일은 모두에게 공평하게 주어져요. 시간을 어떻게 쓸지는 개인의 선택이죠. 휴대폰 보느라 시간 가는 줄 모른 채 하루를 보내는 것과 미래 계획을 수립하고 시간을 쪼개 공부하는 것은 차이가 있어요. 프랭클린은 많은 일을 해내고자 시간이 항상 부족했기 때문에 시간의 소중함을 강조했어요.

나랏말씀이 중국과 달라
한자와 서로 통하지 아니하니

 세종대왕 (1397년~1450년)
조선의 네 번째 임금이에요. 한글을 창제했으며 조선의 기틀을 세운 위대한 지도자예요.

    세종대왕이 1443년 만들어 펴낸 훈민정음(訓民正音)의 서문 첫 문장이에요. 훈민정음은 대왕이 창제한 '한글'의 원래 이름으로, '백성을 가르치는 바른 소리'라는 뜻이죠.

    훈민정음의 서문을 요즘 말로 바꾸면 다음과 같아요. '나라의 말이 중국과 달라 한자와 서로 통하지 않으므로, 백성들이 말하고 싶은 것이 있어도 뜻을 펴지 못한다. 내가 이를 불쌍히 여겨 새로 글자를 만들었으니 쉽게 배우고 편하게 쓰기 위함이다.'

    서문에는 한글을 만들어 낸 이유가 고스란히 담겨 있어요. 당시에 사람들은 중국 글자인 한자를 사용했어요. 그런데 한자가 어렵고 복잡하다 보니 일부 양반을 제외한 백성 대부분은 글을 몰랐어요. 세종대왕은 백성이 우리 글자 없이 사는 것을 마음 아파했어요. 억울한 일을 당해도 한자를 몰라 바로잡지 못했고, 농사 기술도 한자로 적혀 있어 찾아보지 못했지요. 한글 창제는 그의 백성 사랑이 만들어 낸 결과예요.

    세종대왕 시대는 우리 민족 역사상 가장 빛나는 시기였어요. 농업과 과학 기술이 크게 발전했고, 법과 제도가 정리됐으며 국토가 넓어지는 등 국가의 틀이 완성됐어요. 그중 훈민정음 창제는 최고의 업적이에요.

행운은 눈이 멀지 않았다. 부지런하고 성실한 사람을 찾아간다

조르주 클레망소 (1841년~1929년)
프랑스의 의사 출신 언론인이자 정치인이에요. 제1차 세계대전 당시 프랑스 총리로 재임했어요.

원하는 것을 이루기 위해 해야 할 일은 무엇일까요? 여러 가지 답이 있을 수 있지만, 누구나 머리를 끄덕일 만한 정답은 '노력'일 거예요. 다음 시험에서 전 과목 만점을 목표로 한다면, 지금 해야 할 일은 충실한 공부뿐이죠. 성실하게 부지런히 준비하는 것이 최선의 방법이에요.

행운은 운이 좋다는 걸 뜻해요. 그런데 클레망소는 행운이 어느 날 하늘에서 뚝 떨어지는 것이 아니라고 말했어요. 날마다 하는 일이 쌓여 행운이 온다는 거예요. 꾸준히 공부하는 학생과 그저 운이 좋아 시험에 아는 문제만 나올 것을 기대하는 학생 중, 누가 더 좋은 점수를 받게 될까요? 기회를 놓치지 말라는 말이 있어요. 목표에 닿기 위해 성실하게 노력한다면 기회가 오고, 그것을 차지하는 행운을 안게 될 거예요. 이 명언은 앉아서 기다리는 사람에게는 행운이 찾아오지 않는다고 말해요. 걷는 사람만이 앞으로 나아갈 수 있듯, 노력하는 사람에게 행운이 찾아간다는 뜻이에요.

클레망소는 프랑스 국무총리로서 영국, 러시아 등과 연합해, 독일 오스트리아 동맹을 꺾고 제1차 세계대전을 승리로 이끌었어요. 의사 출신이며 언론인으로도 일했어요.

인생에서 가장 큰 영광은 넘어지지 않는 것이 아니라, 넘어질 때마다 다시 일어서는 것이다

 넬슨 만델라(1918년~2013년)
남아프리카공화국의 인권 운동가이자 정치인이에요. 인종 차별에 맞서 싸워 이겨 냈고 대통령에 올랐어요.

만델라처럼 숱한 고난과 좌절을 겪은 인물도 흔치 않아요. 그는 남아프리카공화국(남아공)의 인종 차별 정책(아파르트헤이트)에 저항하는 흑인 인권 운동을 펼쳤어요. 여러 차례 체포됐고, 1964년 반역죄로 종신형을 선고받아 감옥에 갇혔어요. 그러나 만델라는 굴복하지 않았고 저항 운동의 지도자, 인권 운동의 상징이란 국제적 이름을 얻었어요. 그를 비롯한 흑인들의 저항과 국제 사회의 노력 등으로 남아공 정부는 1990년 2월, 27년 만에 그를 석방했고 1994년 5월 선거에서 대통령에 당선됐어요. 이후 흑인을 탄압했던 백인들에게 보복하지 않고 화해하는 모습을 보여 감동을 줬어요.

이 명언은 그가 흑인이라는 이유로 부당한 대우를 당하고, 체포되고, 목숨을 위협받고, 긴 세월 감옥에 갇혀 있을 때 생각한 내용이에요. 여러분도 살아가면서 어려움과 실패를 겪을 수 있어요. 그럴 때마다 포기하지 않고 오뚝이처럼 다시 일어나는 것이 중요해요. 굴복하지 않는 마음가짐으로 희망을 가져야 해요. 그리고 다시 앞으로 나아가는 것이 중요하지요. 실패하지 않는 사람은 없어요. 실패를 떨쳐 버리고 다시 일어나 전진하세요.

날 낳아 준 사람은 부모이지만, 날 알아준 사람은 포숙아다

 관중(BC 725년경~BC 645년)
중국 춘추 시대 정치가이자 사상가예요. 뛰어난 재상이었으며 포숙아와 나눈 우정이 역사에 전해요.

'친구', '우정' 이런 말은 듣기만 해도 기분이 좋아져요. 마음이 통하는 친구, 나의 속마음을 잘 알아주는 친구는 이 세상 무엇보다 소중하지요. 두터운 우정으로 역사에 남은 친구 둘이 있어요. 관중과 포숙아예요. 이 명언은 두 사람이 평생 나눈 우정을 한 문장으로 나타내고 있어요. 어려서부터 친했던 두 사람은 젊은 시절 함께 장사를 했는데, 이익을 똑같이 나누는 게 아니라 늘 관중이 더 가져가 주위에서 이상하게 여겼어요. 포숙아는 "관중의 형편이 나보다 어렵기에 그런 것이다"라고 당연하다는 듯 말했어요. 관중이 벼슬길에서 세 번이나 쫓겨날 때에도, 포숙아는 그가 능력이 없어서가 아니라 때를 만나지 못한 것뿐이라고 했어요. 또 관중이 전쟁에 나가서도 세 번 도망쳤지만, 포숙아는 그를 겁쟁이라 여기지 않았지요. 늙은 어머니를 모시기 위해 도망쳤다는 걸 알았기 때문이에요. 이렇게 서로를 믿는 관중과 포숙아의 이야기에서, 서로가 속속들이 알고 신뢰하는 친구 관계를 잘 나타내는 이 명언이 탄생했어요.

관중은 중국 춘추 시대 제나라의 정치가예요. 제나라가 춘추 시대 최강국이 되는 데 결정적인 역할을 했어요. 포숙아 역시 제나라의 재상을 지냈어요. 최고의 우정을 일컫는 관포지교(管鮑之交)의 주인공들이지요.

비관론자는 모든 기회에서 어려움을 찾아내고, 낙관론자는 모든 어려움에서 기회를 찾아낸다

 윈스턴 처칠(1874년~1965년)
영국의 정치가예요. 제2차 세계대전 당시 수상으로 재임하며 연합국을 승리로 이끌었어요.

낙관론자는 세상을 좋은 것이라 여기며, 모든 일이 잘될 거라고 믿는 사람이에요. 비관론자는 세상 일을 어둡게 보며, 일이 실패할 수 있다고 생각해요. 물이 반쯤 든 컵을 보며 낙관론자는 '아직 반이나 남았다'라고 하고, 비관론자는 '반밖에 안 남았다'라고 해요.

때때로 살아가는 것은 힘들기 마련이에요. 언제 어떤 일이 일어날지 몰라요. 하지만 무슨 일이 생기더라도 그것은 문제가 아니에요. 문제를 어떻게 받아들이고 해결하고 넘어가느냐가 중요해요.

이 명언은 어려움을 극복하는 길은 마음가짐에 달려 있다고 말해요. 고난을 고난이라 여기지 말고, 한 걸음 나아갈 수 있는 길을 찾아야 한다고 강조해요. 마음가짐은 운명도 바꾼다고 하죠. 비관론자는 늘 실패를 먼저 떠올려요. 낙관론자는 어려움 속에서 해결책을 찾아요. '위기는 기회'라는 말을 늘 생각하세요. 포기하기보다 할 수 있다는 마음으로 새로운 기회를 찾는 것이 답이에요.

처칠은 제2차 세계대전 당시 영국 수상으로서 연합국과 협조해 세계대전을 승리로 이끈 전쟁 영웅이에요. 60년 넘게 국회의원으로 일한 것으로도 유명해요. 회고록 《제2차 세계대전》으로 노벨 문학상을 받았어요.

우리는 전투에서는 졌지만, 전쟁에는 아직 지지 않았다

 샤를 드골(1890년~1970년)
프랑스의 정치인이에요. 제2차 세계대전 시기 망명 정부의 지도자였으며 후에 대통령에 올랐어요.

　제2차 세계대전은 1939년 9월 독일이 폴란드를 공격하고, 이에 맞서 영국과 프랑스가 독일에 선전포고를 하며 시작돼요. 하지만 독일군의 막강한 힘과 과감한 작전으로 영국·프랑스 연합군은 크게 지고 말아요. 영국군은 자신의 나라로 철수하고, 프랑스는 나라 전체가 독일에 점령당했어요. 이때 샤를 드골 프랑스 국방차관과 일부 프랑스군이 영국으로 탈출해, 1940년 6월 '자유 프랑스'라는 망명 정부를 세워요.

　국토는 독일의 지배에 들어갔지만, 드골은 영국 런던의 망명 정부 지도자로서 프랑스 국민들을 향해 이 명언을 외쳤어요. 비록 몇 번의 전투에서 패배해 본토는 점령당했지만, 영국에 자리잡은 '자유 프랑스군'은 독일에 맞서 전쟁을 계속할 거라는 단호한 선언이었죠. 드골의 이 말은 국민들에게 큰 용기와 희망을 불러일으켰어요. 이후 드골을 중심으로 한 프랑스인들의 끈질긴 저항이 이어졌고, 연합국의 노르망디 상륙 작전이 성공해 프랑스는 다시 해방돼요.

　드골은 육군사관학교를 졸업한 뒤 뛰어난 군인으로 오래 근무했어요. 제2차 세계대전 때 자유 프랑스의 지도자로서 활약했으며, 전쟁 이후 총리와 대통령을 차례로 맡았어요.

하루라도 글을 읽지 않으면 입안에 가시가 돋는다

안중근(1879년~1910년)
대한제국의 군인이며 정치 사상가예요. 대표적인 항일 독립 투사로 이름 높아요.

안중근은 대한 독립군의 참모중장으로 독립을 위해 몸바친 위인이에요. 국내는 물론 중국과 러시아에서 무장 독립운동을 했어요. 1909년 10월 26일 오전 9시, 안중근은 만주 하얼빈에서 이토 히로부미를 민족의 이름으로 처단했어요. 이토는 일본의 내각총리대신(현재의 수상)과 초대 한국통감을 지낸 침략의 우두머리였지요. 그는 이토를 죽인 이유로 동양 평화를 깨뜨린 죄, 많은 한국인의 권리를 빼앗고 죽인 죄 등 15가지 이유를 당당하게 주장했어요. 살인이 아니라 대한제국의 군인으로서 적을 없앤 행위라 했죠. 그는 이듬해 만주 뤼순형무소에서 순국했어요.

안중근은 명필로도 유명해요. 그는 감옥에 갇혀 있는 동안 많은 글씨를 남겼어요. 인품에 감동받은 일본인 간수들까지 안중근에게 글씨를 써 달라 간청했다고 하지요. 그의 유묵(생전에 남긴 글씨나 그림) 31점은 국가 보물로 지정되어 있어요.

이 명언은 그가 남긴 가장 유명한 글귀 중 하나예요. 그는 일찍부터 독서가 무엇보다 중요하며 인간에게 필수적이라고 생각했어요. 사형 집행을 알리러 온 일본인 간수에게, 책을 다 읽지 못했으니 시간을 달라며 몇 분간 독서를 이어 갔다는 일화도 있어요.

삶이 있는 한 희망이 있다

마르쿠스 키케로(BC 106년~BC 43년)
고대 로마의 정치인이자 작가예요. 변호사와 집정관으로 활동했어요. 많은 책을 쓴 것으로 유명해요.

　패럴림픽이라는 스포츠 행사가 있어요. 몸이 불편한 장애인들의 올림픽을 가리켜요. 하계, 동계 올림픽과 함께 4년마다 열리죠. 경기는 늘 특별한 감동을 줘요. 팔다리 없는 선수들이 온 힘을 다해 헤엄치고 휠체어로 트랙을 질주해요. 손가락이 불편해서 손에 라켓을 붕대로 감아 경기하는 탁구 선수도 있어요. 휠체어를 스키에 얹어 설원을 내닫는 모습도 볼 수 있죠. 이들은 태어날 때부터 장애를 가졌거나 사고로 몸이 심하게 불편해진 사람들이에요. 절망 속에서 움츠린 채 생활하기도 했다고 해요. 하지만 이들은 살아 있기에 꿈과 희망을 잃지 않았죠. 긍정적인 마음과 끊임없는 노력, 인내심으로 무장하고 희망이란 불씨를 계속 타오르게 한 거예요.
　이 명언은 패럴림픽에 나선 장애인들이 보여 준 것처럼, 아무리 어려운 환경이라도 살아 있다면 못할 게 없다고 말해요. 어떤 어려움도 영원하지 않기에, 곧 좋은 날이 올 거라는 밝은 희망을 전하고 있어요.
　키케로는 고대 로마의 정치인이자 작가예요. 최고 행정 책임자인 집정관을 지냈고 연설을 매우 잘했다고 해요. 《웅변가에 관하여》, 《국가론》, 《법률론》 등 많은 책을 남겼어요.

자유가 아니면 죽음을 달라

패트릭 헨리(1736년~1799년)
미국의 변호사이며 정치가, 독립운동가예요. 미국 독립에 큰 역할을 한 것으로 평가받아요.

'자유'란 자신의 판단과 의지대로 할 수 있는 상태를 가리켜요. 자유는 사람이 가져야 할 가치 중 으뜸이에요. 수업 시간에 돌아다니며 떠드는 것처럼 멋대로 구는 행동은 자유가 아니죠. 자유는 바른 규칙 아래, 책임을 갖고 생각하며 움직이는 행위예요. 범위를 넓히면 국가 운영에 참여하거나 국가에 인간다운 생활을 요구하는 것까지 포함해요.

이 명언은 영국의 지배를 받던 북아메리카 지역(현 미국)의 독립 과정에서 나왔어요. 이곳 시민들은 영국이 부당한 세금을 부과해 엄청난 돈을 거두어들이는 것에 불만을 가져요. 그래서 조지 워싱턴과 벤저민 프랭클린 등 지도자들이 나섰고, 많은 사람이 독립에 뜻을 함께했어요. 1775년 3월 패트릭 헨리가 버지니아주 의회에서 했던 연설에 유명한 이 문장이 들어 있죠. 노예처럼 살지 않겠다는, 목숨을 바쳐서라도 자유로운 나라에서 살겠다는 다짐이에요. 연설은 식민지 전체로 퍼져 나갔고, 이듬해 미국 독립에 결정적 역할을 해요. 이후에도 이 명언은 자유를 억압받던 세계 곳곳의 민주적 혁명 현장에서 자주 사용됐어요.

패트릭 헨리는 정치가이자 독립운동가로 활동했어요. 독립운동에 앞장섰으며 독립 후 버지니아 주지사 등을 지냈죠. 명연설가였어요.

정상영 글

서강대학교 불어불문학과와 언론대학원을 졸업했습니다. 소년조선일보에서 19년간 정확한 뉴스, 유익한 정보를 전하는 기자로 활동했습니다. 기자로 일하면서 어린이 독자의 눈높이에 맞는 글을 쓰기 위해 노력했습니다. 지금은 어린이들에게 꼭 필요한 지식과 정보를 쉽고 재미있는 글로 전하고 있습니다. 지은 책으로 《한눈에 펼쳐보는 세계 명화 그림책》, 《한 권으로 보는 그림 명화 백과》 등이 있습니다.

신응섭 그림

일러스트레이터이자 자연 생태 사진작가로 활동하고 있습니다. 지은 책으로 《섬진강 수달 가족 이야기》, 《순천만 여름이야기》(2010 우수환경도서), 《우포늪 가시연꽃》(2012년 청소년권장도서), 《송이버섯 이야기》(2013년 우수교양도서), 《두껍아 두껍아》(2014년 사랑의 책나눔 도서), 《수달아 수달아 꼭꼭 숨어라》(2018 우수환경도서), 《천재들의 어린 시절》 등이 있습니다.

1쇄 - 2025년 8월 26일
2쇄 - 2025년 10월 1일
글 - 정상영
그림 - 신응섭
발행인 - 허진
발행처 - 진선출판사(주)
편집 - 김경미, 최윤선, 최지혜
디자인 - 고은정
총무·마케팅 - 유재수, 나미영, 허인화
주소 - 서울시 종로구 삼일대로 457 (경운동 88번지) 수운회관 15층
　　　전화 (02)720-5990　팩스 (02)739-2129
　　　홈페이지 www.jinsun.co.kr
등록 - 1975년 9월 3일 10-92

※책값은 뒤표지에 있습니다.

글 ⓒ 정상영, 2025　그림 ⓒ 신응섭, 2025

ISBN 979-11-93003-78-7　73800